Antje Bostelmann, Michael Fink

Elternabende in der Krippe mühelos meistern
Material und Arbeitshilfen zur erfolgreichen Gestaltung

Impressum

Elternabende in der Krippe mühelos meistern
Material und Arbeitshilfen zur erfolgreichen Gestaltung

Autoren
Antje Bostelmann, Michael Fink

Fotos und Abbildungen
Barbara Dietl – www.dietlb.de
Ferdinand Bostelmann

Illustration Seite 5:
Jakob Knapp – Mythenlabor

Gestaltung
Annika Zipperling

Lektorat
Katharina Koch

Druckerei
Druckerei Uwe Nolte, Iserlohn
Gedruckt auf chlorfrei gebleichtem Papier

Verlag
Bananenblau – Der Praxisverlag für Pädagogen
Bananenblau UG (haftungsbeschränkt)
Arkonastr. 45-49
13189 Berlin

Telefon: 030 477 96 0
Telefax: 030 477 96 204
E-Mail: info@bananenblau.de
www.bananenblau.de

© Bananenblau 2014
ISBN 978-3-942334-29-7

Die Fotos wurden in der Klax Krippe Sonnenhaus in Berlin aufgenommen.

Alle verwendeten Texte, Fotos und grafischen Gestaltungen sind urheberrechtlich geschützt und dürfen ohne Zustimmung des Urhebers bzw. Rechteinhabers außerhalb der urheberrechtlichen Schranken nicht von Dritten verwendet werden, insbesondere, jedoch nicht abschließend, weder vervielfältigt, bearbeitet, verbreitet, öffentlich vorgetragen, aufgeführt, vorgeführt oder zugänglich gemacht, gesendet oder sonst wie Dritten zugänglich gemacht werden.

Inhalt

- 4 Vorwort
- 5 Elternarbeit kann gelingen
- 10 Einberufen: Wer ist der Gasgeber eines Elternabends?
- 12 Wie oft?: Wieviele Elternabende sind nötig – und sinnvoll?
- 13 Einladungen: Wie erreiche ich, dass viele Eltern kommen?
- 16 Themenfindung: Welche Themen sollten wir behandeln?
- 18 Typische Abläufe: Was gehört unbedingt dazu?
- 20 Zeitmanagement: Wie viel Zeit setze ich an?
- 22 Raumfragen: An welchem Ort treffen wir uns?
- 24 Didaktisches: Wie gestalte ich den Ablauf?
- 26 Protokolle und Handouts: Wie halte ich Ergebnisse fest?
- 29 Konflikte: Wie gehe ich produktiv mit unterschiedlichen Ansichten um?
- 32 Diskussionen lenken: Bei welchen Themen sage ich Nein?
- 35 Alternativen: Was können wir noch zusammen machen?
- 37 13 Regeln für gelingende Elternabende
- 40 Immer mit Blick auf die Kinder: Wie wir planen
- 47 Kinder lernen spielend: Die Entwicklung des Spiels
- 58 Zeigen, was das Kind kann: Wir dokumentieren im Portfolio
- 66 Keine Tagesphase ist nutzlos: Lernanlässe in der Krippe
- 74 Experimente mit der Umwelt: Die Spielschemen von Kleinkindern
- 80 Sprache lernt man spielend: Die Sprachentwicklung im Kleinkindalter fördern
- 87 Schützen und etwas zutrauen: Wie wir für Sicherheit sorgen
- 94 Viel Wissen über Kinder: Wie wir dem Datenschutz gerecht werden
- 99 Viel Zeit für die Bedürfnisse und Interessen der Kinder: Der Tagesablauf
- 108 Mehr als ein Versprechen: Mit Qualitätsmanagement arbeiten
- **114 Autoren**

Vorwort

Welche Erzieherin hat dies nicht schon erlebt? Der Elternabend steht an – und je näher der Termin rückt, umso mehr macht sich ein Unwohlsein in der Magengegend breit. Werden die Eltern kommen? Wird es problematische Themen geben? Werde ich gut genug vor den Eltern sprechen, um sie von meinem Anliegen zu überzeugen? Wie reagiere ich auf schwierige Fragen, Provokationen oder Zwischenrufe? Was mache ich, wenn die Eltern meinen Vortrag sichtlich langweilig finden?

Viele Erzieherinnen fühlen sich unwohl, wenn ein Elternabend ansteht. Sie sind froh, wenn sich im Team eine Mitarbeiterin findet, die gern und geübt vor den Eltern spricht oder wenn die Leiterin diese Abende ganz allein durchführt. Klar, das mag angenehm sein – aber auch eine vertane Chance. Elternabende sind immer ein wichtiges Mittel, um sich als Erzieherin die sichere Basis bei den Eltern zu holen, um gut mit deren Kindern arbeiten zu können. Wie belastet kann die pädagogische Arbeit sein, wenn man unsicher ist, wie diese bei den Eltern ankommt – und wie viel Spaß macht das Arbeiten, wenn wir es geschafft haben, die Eltern voll „mit ins Boot zu holen"!

Um den Lesefluss nicht zu behindern, haben wir im Fließtext meistens die weibliche Form gewählt. Es dürfen sich aber immer beide Geschlechter angesprochen fühlen.

In diesem Buch möchten wir Know-how vermitteln, um Elternabende zu einem gelungenen Ereignis werden zu lassen. Kernstück sind dabei nicht die Berichte über die aktuelle Gruppensituation und anstehende Ausflüge – das ist leicht hinzukriegen –, sondern kurze Vorträge zu pädagogischen Themen, die Eltern unserer Erfahrung nach stark interessieren, wenn sie ihr Kind in die Krippe geben: Wie lernt man beim Spiel? Warum ist der Tagesablauf so und nicht anders gestaltet? Manche der Mustervorträge befassen sich auch mit Fragen, die zum Krippenalltag dazu gehören, auch wenn sie zunächst eher randständig erscheinen: Warum gibt es zum Fotografieren oder zum Datenschutz bestimmte Regelungen? Und was ist eigentlich dieses „Qualitätsmanagement"? 10 Präsentationen zu wichtigen Themen in der Krippe helfen Ihnen, ihren eigenen Elternabend zu einem gelungenen Ereignis zu machen.

Wie immer freuen wir uns darüber, wenn Sie uns ihre Meinung mitteilen, uns ihre eigenen Erlebnisse mit der Durchführung von Elternabenden berichten und uns schreiben, was wir für Sie noch besser machen können.

Antje Bostelmann und Michael Fink
Juni 2014

Elternarbeit kann gelingen

Elternabende in der Krippe sind Pionierarbeit – und deshalb eine besondere Herausforderung. Die meisten Menschen, die Ihnen beim ersten Krippenelternabend gegenüber sitzen, haben nie zuvor eine solche Veranstaltung besucht, kennen das Wort eher von ihren eigenen Eltern, als sie selbst noch die Schule besuchten. Beim ersten Mal ist man aufgeregt, guckt genau hin, hat hohe Erwartungen – aber andersherum haben die Pädagoginnen, die den Elternabend zum ersten Mal gestalten, auch die Chance, Maßstäbe zu setzen – einen Vergleich gibt es ja nicht.

Eine Herausforderung sind Krippen-Elternabende auch deswegen, weil die Verbindung von Eltern und Kind meistens nie mehr so groß ist wie zu diesem Startpunkt der institutionellen Betreuung. In der Anfangszeit in Krippe oder Nestgruppe machen beide, Eltern wie Kinder, die erste Erfahrung mit der Trennung voneinander. Beide Seiten müssen sich an die neue Situation gewöhnen und lernen, ohne einander den Tag zu verbringen. Dazu kommt die Herausforderung, sich in einer neuen und unbekannten Umgebung zurechtzufinden. Und gerade für die Eltern ist es nicht einfach, die Regeln und Gesetzmäßigkeiten der Institution Krippe zu verstehen und sich daran zu halten. All diese Faktoren beeinflussen sicherlich das Miteinander bei ersten Elternabenden.

Für Sie als Erzieherin bedeutet dies, sich auf diesen Prozess einzustellen, die Bedürfnisse von Kindern und Eltern wahrzunehmen, beiden Seiten Sicherheit und Geborgenheit zu geben. Viele Informationen wollen weitergegeben und Dinge erklärt werden, immer wieder müssen Sie Verständnis für Situationen und Regelungen herstellen, die im privaten Familienleben gar keine Rolle spielen: Hygieneverodnungen, Daten- und Unfallschutzregelungen sind Sachverhalte, die neben dem Betreuungsvertrag vieler Erklärungen bedürfen. Gerade weil in der Krippe das Kind und seine Familie im Vordergrund stehen, gibt es viele Möglichkeiten, Anlässe und Methoden, der individuellen Zusammenarbeit mit Eltern einen Rahmen zu geben.

Alles beginnt mit der Eingewöhnung, einer Phase im Krippenleben, in der Eltern und Kinder gemeinsam die EInrichtung kennenlernen und ihren Lebensrhythmus darauf umstellen. Hospitationstage und viele Gespräche sorgen dafür, dass Eltern am Krippenleben teilhaben können. Entwicklungsdokumentationen, wie das persönliche Portfolio des Kindes, helfen Eltern, keinen Entwicklungsschritt ihres Kindes zu verpassen. Planungsaushänge, Tagesdokumentationen und Wochenrückblicke sorgen dafür, dass Eltern stets wissen, was das Kind in seiner Kindergruppe gerade tut, an welchen Themen gearbeitet wird und welche Ergebnisse zu verzeichnen sind. Kleine Ausstellungen zeigen, was die Kinder vollbracht haben, Fototafeln oder kurze Videoclips machen sichtbar, wie es in der Gruppe zugeht.

Das Zusammenleben in einer Institution erfordert jedoch mehr als nur, das Wohl des einzelnen Kindes und seiner Eltern im Blick zu haben. In einer Institution wie der Krippe geht es stets darum, die Bedürfnisse der Gruppe und der Institution mit dem Wohlergehen des Einzelnen in der Balance zu halten. Damit sich alle wohlfühlen können, sind Regeln einzuhalten, Gesetze zu befolgen und es gilt, die Beteiligung von allen Mitgliedern der Gemeinschaft zu ermöglichen und einzufordern.

Wir werden im Folgenden noch häufiger zeigen wie wichtig es ist, jedem Thema den richtigen Rahmen zu geben, jedes Thema sehr gut vorzubereiten und den Elternabend vor allem als Instrument des Informationsaustausches über allgemeine, die gesamte Gemeinschaft betreffende Themen, anzusehen.

Tipps und Tricks für erfolgreiche Elternabende

Ohne Elternabende geht es nicht: Sie sind, anders als die meisten Formen der Zusammenarbeit von Eltern und Erziehern, ein gesetzlich eingefordertes Instrument. In den Kitagesetzen der einzelnen Bundesländer liest es sich in etwa so: „Die Erziehungsberechtigten der Kinder, die eine Kindertageseinrichtung besuchen, bilden die Elternversammlung. Sie sind an den Entscheidungen in wesentlichen Angelegenheiten der Kindertageseinrichtung zu beteiligen. Die Elternversammlung wählt aus ihrer Mitte eine Elternvertretung…".

Es geht also darum, dass Eltern sich versammeln, sich austauschen und beteiligen können – eher vage gehaltene Aussagen. Aber gerade das Unkonkrete in diesen Aussagen bietet die Chance, sie nach eigenen Vorstellungen zu interpretieren und individuell passende Formen von Elternabenden zu gestalten, um damit die eigenen pädagogischen Ziele zu erreichen.

Ein wichtiges Ziel von Elternabenden ist es, aus der Vielfalt von Einzelinteressen in der Krippe eine Art Gemeinschaft zu bilden. Zu den Menschen, die in der Kinderkrippe aufeinander treffen und miteinander zu tun haben, gehört schließlich neben den Kindern eine Menge Erwachsener: ihre Familien, die Erzieher und weitere Mitarbeiterinnen der Krippe. Alle erwachsenen Beteiligten eint das Ziel, die Betreuung und Bildung der Jüngsten so liebevoll, so interessant, so sicher und ereignisreich wie möglich zu gestalten. Dabei übernimmt jeder den ihm zugewiesenen Part. Die Leiterin organisiert die Rahmenbedingungen, die Eltern sorgen für das familiäre Wohl und die Erzieherinnen kümmern sich um einen gelingenden Betreuungsalltag.

Damit diese Gemeinschaft gut funktionieren kann, muss es viele Möglichkeiten des Austausches, der Informationsweitergabe und des Wissens übereinander geben. Dies muss bezogen auf den Einzelnen individuell und in einem geschützten Rahmen geschehen, bezogen auf die allgemeinen Bedürfnisse der Gruppe aber offen und unter Beteiligung aller, zum Beispiel auf einem Elternabend.

Für die Beteiligung an Entscheidungen der Einrichtung ist die Versammlung aller Eltern auf dem Elternabend zu groß. Hier fordert das Gesetz zusätzlich, aus der Mitte der Elterngruppe eine Elternvertretung zu wählen. Diese Vorgabe macht Sinn, denn die Zusammenarbeit von vielen ist am leichtesten über Vertreter zu organisieren. Die Elternvertreter vertreten die Kinder und ihre Familien, oft vertritt die Leiterin das Pädagogenteam, der Küchenchef die Küche usw. Es diskutiert und plant sich nun einmal leichter in kleineren Gruppen. Und Vertreter der Eltern können besser abwägen, welche Anliegen einzelner Eltern das Interesse der Gesamtgruppe widerspiegeln.

PRÄSENTATIONEN

Auf der mitgelieferten CD-ROM finden Sie fertige Präsentationen, mit denen Sie sofort loslegen können. Sie brauchen nur noch den Namen Ihrer Krippe eintragen. Fertig!

Im hinteren Teil des Buches finden Sie Erklärtexte passend zu den Folien der Präsentationen. Damit finden Sie garantiert die richtigen Worte. Sie können sich diese Seiten kopieren, mit Notizen versehen und um Beispiele aus Ihrem Krippenalltag erweitern.

DAS ERWARTET SIE IN DEN NÄCHSTEN KAPITELN

Protokolle und Handouts

Einberufen

Zeitmanagement

Einladungen

Raumfrage

Konflikte

Alternativen

Wie oft?

Typische Abläufe

Themenfindung

Didaktisches

Diskussionen lenken

EINBERUFEN:
Wer ist der Gastgeber eines Elternabends?

In der Kita „Purzelbaum" lädt die Leiterin alle Eltern zum Gesamtelternabend ein und nach einem längeren Vortrag zu den Zielen des Hauses gibt es die Möglichkeit, kurz mit der Bezugserzieherin des eigenen Kindes zu sprechen. Nebenan in der Krippe „Krümelkuchen" laden die Gruppenerzieherinnen zu unterschiedlichen Terminen ihre Eltern ein, und die Leiterin lernt man nur in deren Sprechstunde kennen.

Wer zum Elternabend einlädt, bestimmt auch, worum es geht, oder? Unserer Erfahrung nach gibt es unterschiedliche Möglichkeiten, wer zum Elternabend einlädt, die Tagesordnungspunkte festlegt und die Elterngruppe durch den Abend führt.

Alle Varianten haben Vor- und Nachteile:

- In kleineren und mittelgroßen Einrichtungen lädt oft die Kita- oder Krippenleitung alle Eltern zu einem gemeinsamen Elternabend ein. Man erfährt dabei viel über den Alltag aller Gruppen, kann vergleichen, Unterschiede feststellen und die Eltern aus anderen Gruppen kennenlernen. Nachteilig ist, dass zu viele Anwesende die Diskussion erschweren können – und es nur wenige gemeinsame Fragen für alle Anwesenden gibt. Und die Bezugserzieherin des Kindes spielt dabei auch oft keine große Rolle.

- Ganz selbstverständlich findet nicht nur in großen Häusern der Elternabend in den Bezugsgruppen statt. Hier funktioniert es auch gut, dass der Bezugserzieher Termin und Themen der Veranstaltung gemeinsam mit der Gruppen-Elternvertreterin festlegt. Gut ist, wenn

zusätzlich zu dieser intimen Runde ab und an gemeinsame Elternveranstaltungen im Haus stattfinden, um den Austausch und das Wissen übereinander im ganzen Haus zu fördern.

- In Schulen und Elterninitiativeinrichtungen ist es üblich, dass die Elternvertretung gemeinsam mit den Pädagoginnen zur Elternversammlung einlädt. Eine solche gemeinsame Planung ist bei einem positiven Zusammenarbeitsklima zwischen Krippe und Elternschaft sehr förderlich: Beide Seiten tragen nun Verantwortung für die Auswahl der Themen, den Verlauf der Diskussion, die Führung des Protokolls und die Einhaltung der Zeitplanung. Und es ist möglich, sich bei der Moderation des Abends abzuwechseln – sehr erholsam!

Fragen, die außerdem noch geklärt werden sollten:

- Ist es sinnvoll, ab und an nur einzelne Gruppen einzuladen, die ein bestimmtes Anliegen eint?

- Wollen wir bei Fachfragen Experten hinzuziehen, dürfen auch Eltern in dieser Funktion auftreten?

- Können zu bestimmten Themen – zum Beispiel das beliebte Thema „Essensversorgung" oder „Kita-Umbau" – AGs gebildet werden, bei denen interessierte Eltern mit Erziehern zusammen planen und besprechen können?

WIE OFT?:

Wie viele Elternabende sind nötig – und sinnvoll?

„Gut, dass ich nicht im Kinderladen arbeite", freut sich Ulla, „da ist teilweise jede oder jede zweite Woche Elternabend. Mal abgesehen von der Zeit – was tun die da, außer alles in Grund und Boden zu reden?"
„Ich mache nur einmal im Jahr Elternnachmittag", gesteht Hilde, „wegen der Elternvertreterwahl, aber da kommt auch kaum jemand. Unsere Eltern sind einfach alle zu isoliert, die interessieren sich nicht für Zusammenkünfte – schade eigentlich!"

Wie viele Elternabende braucht eine gute Krippe? Dreimal im Jahr – so antworten viele Praktiker – öfter nicht! Denn eine gute Krippe verfügt ja mit Elterngesprächen, Tür- und Angelgesprächen, Hospitationen, Infowänden, einer Elternvertretung und regelmäßigen Festen noch über viele weitere Instrumente der Elternzusammenarbeit. Es lohnt sich, die Termine für die regulären Elternabende des Jahres langfristig zu planen, um auch thematische Festlegungen vorab zu treffen: Welches pädagogische Thema könnte den Beginn des Kitajahres bereichern, welches die folgenden Termine, mit welchem wichtigen Themen sollte jedes Elternteil irgendwann einmal während der Krippenzeit des Kindes in Berührung kommen?

Es ist also sinnvoll, die Elternabende in der Jahresplanung der Krippe festzulegen, die außerdem alle Veranstaltungen und Ereignisse im Krippenjahr wie Feste, Schließzeiten, besondere Projekte und Teamfortbildungen festhält. Wer diese Jahresplanung zu Beginn des Krippenjahres fertig hat und sie den Eltern in Form einer verbindlichen Mitteilung aushändigt, hat viel gewonnen.

EINLADUNGEN:

Wie erreiche ich, dass viele Eltern kommen?

„Es ist sooo schade", flötet Timos Vater, „dass ich vom Elternabend so kurzfristig erfahre, ich wäre wirklich gerne gekommen!" Und fügt hinzu: „Vielleicht wäre eine schriftliche Einladung doch besser gewesen!" Sylvia nickt artig, kocht aber innerlich: Eine E-Mail hat sie schon vor vier Wochen verschickt, der Termin steht seit Januar auf dem Jahresplan, und ein Zettel hängt zusätzlich an der Infowand. Soll sie etwa jeden Vater und jede Mutter persönlich anrufen?

Logisch: Viele Eltern benutzen die Behauptung, man habe die Einladung zum Elternabend nicht gesehen, als dankbare Ausrede. Trotzdem ist es wichtig, sich über den geeigneten Weg, die Eltern einzuladen, Gedanken zu machen.

Unseren Erfahrungen nach treten folgende Probleme immer wieder auf:

- Nur wenige Eltern tragen langfristig geplante Termine des Jahresplans in ihren Kalender ein.

- Zettel im Fach oder in der Tasche des Kindes werden gerne bespielt, gemalt, vergessen und bleiben nicht selten ungelesen.

- In E-Mails mit vielen Informationen geht die eigentliche Einladung zum Elternabend oft unter.

Was bringt gute Ergebnisse?

- Auf einem regelmäßig erneuerten schwarzen Brett wird eine Einladung ausgehängt, auf der Termin, Dauer und die wichtigsten Tagesordnungspunkte bereits vermerkt sind. Ebenfalls sollte erkennbar sein, wer den Abend leitet.

- Ein großer roter Pfeil oder ein fröhliches: „Wichtig!"-Schild, welche kurz vor dem Termin ausgehängt werden, erhöhen die Aufmerksamkeit deutlich.

- Eine E-Mail, in der es nur um den Abend und seine Tagesordnungspunkte geht und die den Betreff „Nächste Elternversammlung am …" hat, wird etwa 10 Tage vor der Veranstaltung versendet. Für besonders computeraffine Eltern eignet sich zudem eine elektronische Termin-Einladung, die sich automatisch in den Kalender von PC und Smartphone eintragen lässt.

- Am Tag des Elternabends oder am Vortag verabschiedet sich die Bezugserzieherin mit einem freundlichen: „Sehen wir uns beim Elternabend?"

SCHWARZES BRETT

In vielen Kindereinrichtungen gibt es eine Informationstafel, die für alle gut sichtbar im Eingangsbereich positioniert ist. So müssten Informationen gut sichtbar sein und jeder sollte mitbekommen, was es im Kindergarten Neues und Wichtiges zu wissen gibt. Es ist jedoch häufig so, dass Eltern die Informationen gar nicht wahrnehmen, übersehen oder gleich wieder vergessen. Woran kann das liegen?

Oft ist das Informationsbrett derartig mit Mitteilungen übersät, dass niemand mehr feststellen kann, was neu und aktuell und was veraltet ist. Besser ist es, wenige Informationen auszuhängen und Dinge, die sich erledigt haben, sofort vom Brett zu entfernen. Außerdem lieben es viele Einrichtungen, liebevoll gestaltete, farbenfrohe und fantasievoll ausgeschnittene Informationen auszuhängen. In der fröhlichen Vielfalt der Kinderbilder und Alltagsdokumentationen fallen solche Informationen gar nicht mehr auf.

Es ist grundsätzlich sinnvoll, sich auf die Ebene der Erwachsenenkommunikation zu beschränken: Sachlich, klar und ohne Verzierungen stechen solche Informationen heraus, erregen Aufmerksamkeit und werden gemerkt.

THEMENFINDUNG:

Welche Themen sollten wir behandeln?

„Auf dem ersten Elternabend mit der neuen Gruppe habe ich mich den Eltern vorgestellt, das war von Anfang an klar.", erinnert sich Steffi. Aber mit welchem Inhalt soll sie den nächsten Termin füllen? Erst ›Bericht über die Gruppensituation‹, dann ›Sonstiges‹, anschließend ›Fragen‹ und danach ›Gemütlicher Teil‹ – das ist vielleicht ein bisschen wenig?

Es ist eigentlich ganz einfach, einen interessanten Elternabend zu organisieren. Zuerst einmal sollte man sich fragen: Was interessiert die Eltern, welche Fragen bewegen die Elternschaft gerade und welche Themen müssen von der Krippe aus dringend angesprochen werden? Dafür ist es sinnvoll, die Elternvertreter in die Vorbereitung einzubeziehen, sie zu befragen, was unter den Eltern gerade diskutiert wird und welche Informationen sie für nötig halten. Wichtig ist es immer darauf zu achten, dass der Elternabend allgemeinen Themen vorbehalten ist und individuelle Problemstellungen nicht thematisiert werden, auch nicht indirekt.

Spannende und notwenige Standard-Themen für Elternabende gibt es viele. Ein kurzer Bericht zur aktuellen Stimmung in der Gruppe gehört für viele immer dazu. Sinnvoll ist es, über besondere Angebote der letzten Zeit zu sprechen – dabei sollte immer klar erkennbar sein, mit welchen Zielen die Erzieherinnen an diese Aufgaben gegangen sind. Weitere Standard-Themen sind natürlich anstehende Feste und Ausflüge, ebenso Veränderungen in der Situation von Gruppen, Personal und Raum.

Ein guter Elternabend beinhaltet neben den Ausführungen zu Belangen der Einrichtung auch immer ein

Stückchen Elternbildung. Wir Erzieherinnen vergessen in unserem Alltag zu oft, dass Eltern viele Dinge, die uns selbstverständlich erscheinen, nicht wissen. Daher ist es sinnvoll, Themen auf die Agenda zu setzen, die unseren Berufsalltag illustrieren (Unser Tagesablauf), unsere Zwänge transparent machen (So gehen wir mit dem Datenschutzgesetz um) und mit Mythen aufräumen, die uns häufig zu Ohren kommen (Die Kinder essen nie was in der Krippe). Eine solche kurze Elternfortbildung schafft Vertrauen und stärkt die Position der Erzieher als Experten für die frühe Kindheit.

Die diesem Buch beiliegenden Fachvorträge dienen dazu, den Einblick der Eltern in Ihre pädagogische Arbeit zu erweitern. Sie sind unverzichtbar, will man bei den Eltern Verständnis für die eigene Arbeit erreichen – statt nur eine stillschweigende Akzeptanz, dass „das, was die da machen", schon irgendwie in Ordnung ist.

Zu bestimmten Fachthemen wie Sauberkeitserziehung, Sprachförderung oder der richtige Umgang mit Beißkindern ist es eine gute Idee, Experten dazuzubitten. Das örtliche Jugendamt, der Kinderarzt oder die Bibliothek sind nur einige Beispiele für Institutionen, an die man sich wenden kann, um ein interessantes Thema für die Eltern vortragen zu lassen.

TYPISCHE ABLÄUFE:

Was gehört unbedingt dazu?

„Also schön dass Sie da sind, ersteinmal... ich würde gerne ein bisschen über Ihre oder eure Kinder erzählen, dann gibt's noch was zum Thema Essensanbieter, und wenn ich was vergesse, sind Sie ja auch noch mit ihren Fragen da..." Ob Kathrins erster Elternabend wohl ein Erfolg wird?

Für Elternabende gibt es zum Glück keine vorgeschriebene Tagesordnung. Dennoch haben sich gewisse Standard-Abläufe etabliert, die helfen, nicht die Übersicht zu verlieren und einen seriösen Eindruck vor den Eltern zu machen. Die folgenden zwei Beispiele sollen als Anregung für fantasievolle, spannende, aber nicht strukturlose Elternversammlungen aller Art dienen.

Ein typischer Ablauf eines „Standard"-Elternabends kann so aussehen:

- Begrüßung durch die Leiterin, die Gruppenerzieher oder die Elternvertreterin

- Festlegen, wer das Protokoll schreibt

- Anmerkungen zum Protokoll der letzten Sitzung entgegennehmen

- Vorstellen der Tagesordnung, eventuelle Ergänzungen und Beschluss zur Tagesordnung

- Abarbeitung der Themen

- Diskussion und Beschlüsse

- Verabschiedung durch die Person, die den Elternabend eröffnet hat

So könnten Sie einen Elternabend mit einem pädagogischen Schwerpunktthema gestalten:

- Begrüßung durch die Leiterin, die Gruppenerzieherin oder die Elternvertreter

- Kurze Rückschau auf Dinge, die sich aus dem Protokoll der letzten Sitzung ergeben

- Vorstellen des Vortragsthemas

- Vortrag, dazu vorbereitete Angebote und ein Materialtisch passend zum Thema

- Fragerunde, Abfragen von Interesse an Vertiefung und Ausweitung des Themas, Festlegung ähnlicher Themen-Elternabende

- Verabschiedung durch die Person, die den Elternabend eröffnet hat

ZEITMANAGEMENT:
Wie viel Zeit setze ich an?

„Oh Gott, schon 20.45 Uhr!", stöhnt Leiterin Cordula innerlich: Von den acht Punkten der Tagesordnung sind erst fünf abgehandelt, weil zu jedem Punkt rege Diskussionen entstehen, und die heiklen Themen kommen erst noch! Kollegin Bine murmelt genervt: „Geschätzte Ankunftszeit zuhause 23.55 Uhr…"
„Kann Annas Mama vielleicht einfach mal die Klappe halten?", denkt Mias Papa gerade, der um 20 Uhr zuhause sein wollte. Seine Sitznachbarin wartet schon seit längerem auf den geeigneten Zeitpunkt, sich unauffällig aus dem Raum zu stehlen. Veronika, die besagte Mama von Anna, wollte eigentlich auch längst daheim sein – jetzt aber hat sich ihr Ärger über die Verzögerung in eine unbremsbare Diskussionslust gewandelt.

Dafür, dass der zeitliche Rahmen des Elternabends angenehm ist, sind Sie als Erzieherin oder Erzieher verantwortlich. Wie es bei einem gut angenommenen Bildungsangebot Ihre Aufgabe ist, die Kinder an das Beendigen ihrer Tätigkeit zugunsten des Mittagessens zu erinnern, müssen Sie auch dafür Sorge tragen, dass der Elternabend zum vereinbarten Zeitpunkt endet – im Interesse Ihrer eigenen Arbeitszeit, im Interesse all der Eltern, die ein pünktliches Ende erwarten, zuletzt auch im Interesse des Ergebnisses des Abends, denn langatmige Diskussionen führen nur selten zu guten Ergebnissen.

Welcher zeitliche Rahmen ist sinnvoll?

Kein Elternabend sollte länger als zwei Stunden gehen, denn dann lässt die Konzentration nach. Elternabende, die kürzer als eine Stunde dauern, könnten von Eltern mit längeren Wegzeiten als unnötig empfunden werden. Egal, ob Sie den Abend oder Nachmittag für eine, eineinhalb oder zwei Stunden ansetzen: In allen Fällen sollten Sie die geplante Endzeit schon bei der Einladung ankündigen, damit die Eltern ihre Zeit – und eventuelle Babysitterzeiten – vorab planen können.

Wie sichert man ab, dass die geplante Zeit eingehalten wird?

Neben einer realistischen Zeitplanung und Begrenzung der zu behandelnden Punkte können folgende Maßnahmen helfen:

- Planen Sie nicht zu viele Punkte mit Besprechungsbedarf ein. Unsere Erfahrung sagt: Mehr als drei gesprächsintensive Themen verträgt kein Elternabend. Vieles braucht Zeit um erklärt zu werden, Rückfragen können zu Nebenthemen führen, die ebenfalls wieder Zeit beanspruchen. Besser zu ein oder zwei Themen intensiv diskutieren als viermal trotz vieler Worte nicht zum Punkt kommen!

- Bereiten Sie Themen gut vor, um schnell zum Wesentlichen zu kommen.

- Vermeiden Sie strikt, Themen während des Elternabends nachträglich in die Tagesordnung aufzunehmen. Gerade der beliebte Punkt „Sonstiges" sollte niemals dafür genutzt werden, dass von Eltern spontan Grundsatzdiskussionen eingebracht werden. Begegnen Sie allen entsprechenden Bitten, über bestimmte Themen zu reden, mit der freundlichen Antwort, dieses gerne beim nächsten Mal in die Tagesordnung aufzunehmen, wenn es die anderen Eltern wünschen – oder ansonsten einen Einzelgesprächstermin anzubieten.

- Arbeiten Sie bei komplizierten Themen mit Handouts, mithilfe derer sich Eltern inhaltlich einarbeiten können – etwa wenn es um Umbaupläne, vertragliche Änderungen, das Finanzierungssystem oder ähnliches geht. Diese Handouts sollten Sie vorab mailen oder zum Mitnehmen auslegen.

- Ebenso sinnvoll kann es sein, komplizierte Themen in Einzelgruppen mit der Elternvertretung und interessierten weiteren Eltern, vielleicht mit Fachkenntnissen, vorzubereiten. Die Ergebnisse dieser kleinen AG können Sie dann kurz und knapp vor- und zur Diskussion stellen: „Die AG Sommerfest hat folgende Ideen entwickelt ..." oder „Diese Lösung schlägt die Gruppenkassen-AG in Bezug auf die Erhöhung des Beitrags vor ..."

RAUMFRAGEN:

An welchem Ort treffen wir uns?

„Bei uns sind die Elternabende zum Glück kurz.", überlegt Sven, Vater von Lars. „Liegt aber vielleicht auch am Setting: Die Mini-Stühle hält keiner länger als 60 Minuten aus. Wenn dann noch der öde Fencheltee alle ist und der Windeleimer den Raum vermieft, verzichtet man von selbst auf zeitaufwändige Nachfragen aller Art!"

Der Elternabend findet meistens im Gruppen- oder Sportraum der Einrichtung statt. Da sitzen dann die Eltern in Kinderstühlchen gezwängt oder rutschen auf unbequemen Turnbänken hin und her. Wer eine gute Kommunikation auf Augenhöhe erreichen will, sollte sich klar machen, wie wichtig es ist, dass sich alle Beteiligten wohlfühlen. Eine Gleichwertigkeit fördernde Sitzordnung, eine einladende Raumatmosphäre und kleine Gesten des Willkommens schaffen eine gute Basis für einen gelingenden Elternabend.

Also besorgen Sie sich für Erwachsene geeignete Stühle, die sich platzsparend einlagern lassen. Zeigen Sie durch einen einladend gestalteten Raum, in dem sie die Eltern empfangen, dass sie um das Wohl der Familien bemüht sind. Sie demonstrieren damit, dass sie um den Raum als „dritten Erzieher" wissen und dieses pädagogische Prinzip in ihren Arbeitsalltag integriert haben.

Eine Sitzordnung mit Stuhlreihen wie in einer klassischen Schule macht deutlich, wer sprechen und wer zuhören soll. Für eine Vorlesung mag das sinnvoll sein, für einen Elternabend aber natürlich nicht. Versuchen sie deshalb die Sitzordnung so zu gestalten, dass alle gleichberechtigt ihren Platz einnehmen und niemand „in zweiter Reihe sitzt", sich also entweder zurückgesetzt fühlt oder schon per Sitzordnung elegant zurückziehen kann. Dass alle eingeladen sind, ihre Ideen und Meinungen vorzubringen, sollte durch die Sitzordnung schon vor Beginn der Veranstaltung ausgedrückt werden.

Windelmief den ganzen Tag – ist das nicht wahnsinnig authentisch für die Eltern? Natürlich nicht. Zur Vorbereitung des Raumes für den Elternabend gehört es, für eine gute Durchlüftung zu sorgen. Ebenso wichtig ist es, eine Garderobe bereitzustellen, damit niemand im Mantel sitzen oder diesen über die Stuhllehne hängen muss.

Eine nette Geste ist es, Kaffee und Tee oder Saft vorrätig zu haben. Dies kann durch die Elternvertreter selbst organisiert werden, die auch die Kaffeekasse verwalten können. Übertreiben Sie das Keks- und Getränkebuffet aber nicht: Ihr Job ist es, die Eltern inhaltlich anzufüttern und für emotionales Wohlbefinden zu sorgen.

HINWEIS

Viele Menschen haben nicht so gute Erinnerungen an ihre Kindergarten- oder Schulzeit. Wer Eltern auf Kinderstühle setzt, dabei eine Sitzordnung bildet, die an Schule erinnert – vorn der Lehrer, in den Bankreihen die Schüler – versetzt Eltern in die Kinderrolle. Das kann dazu führen, dass sich die Kommunikation an den Kindeserinnerungen orientiert und entsprechend emotional wird.

DIDAKTISCHES:

Wie gestalte ich den Ablauf?

„Lernen mit allen Sinnen", stöhnt Johns Mutter, „das hab ich jetzt schon bestimmt zum tausendsten Mal gehört. Nur schade, dass bei mir beim Elternabend nur ein Sinn gefragt ist: Zuhören, zuhören, zuhören...!"

Auf zwei Weisen erzeugen Sie beim Elternabend ein Bild von Ihrer pädagogischen Arbeit: bewusst und unbewusst. Das bewusste Bild erzeugen Sie durch Ihre Berichte, über Angebote, Aktionen und Vorhaben. Ein unbewusstes Bild entsteht bei den Eltern durch die Art und Weise, mit der Sie Ihre Themen vermitteln, und das steht manchmal im Widerspruch zu dem, was Sie sagen: Wenn der Elternabend sich öde, zäh wie Kaugummi und unbequem anfühlt, kommt die Lust, die die Kinder im pädagogischen Alltag empfinden, kaum rüber. Begreifen Sie Ihre Elternabende genau wie ein gutes Angebot als eine Zeit, in der es gut einzubeziehen gilt, was für Bedürfnisse Ihre Teilnehmer nach Beteiligung, Aktion, Gemeinschaftserlebnis und Selbstverwirklichung haben!

Solche Überlegungen können bei kleinen Fragen ansetzen: Nach wie viel Redezeit ist eine kurze Pause nötig? Ist es möglich, einen Vortrag durch Bilder oder Filme zu ergänzen – oder zu ersetzen, damit Sehen das dauernde Hören ablöst? Gibt es Dinge, die man herumgeben oder auslegen kann, um den Fühlsinn in ihr Angebot „Elternabend" einzubeziehen? Und weil auch Erwachsene ihre Sitzposition gerne einmal ändern: Haben Sie Ideen, wie man während des Abends den Raum oder Platz wechseln kann? Wäre nach dem langen Sprechen ein gemeinsamer Gang zur Bilderwand eine Bereicherung, sollte man zum Filmansehen nicht lieber in den Turnraum umziehen? Sprechen manche Diskussionspunkte nicht dafür, die Großgruppe aufzulösen und sich in Kleingruppen zusammenzufinden? Brauchen Sie Moderationsmaterial?

Viele Eltern sind, auch wenn sie vielleicht zunächst so viel Aktion als unbequem empfinden mögen, im Nachhinein begeistert, wenn Sie gemeinsam einzelne Phasen des Tagesablaufs der Gruppe nachspielen. Kein Wunder: Die Lust, mit der Kleinkinder etwa mit Glitzerflaschen oder Ton experimentieren, kann man viel besser selbst nachfühlen als sich beschreiben lassen. Planen Sie so oft wie möglich solche Praxis-Phasen innerhalb Ihres Elternabends ein! Besonders gut geeignet sind für das Erlebenlassen Ihrer Arbeit mit der gestalteten Umgebung mehrere Angebote, die parallel von der Gruppe genutzt werden: „In diesem Raum können Sie an sechs Stationen erleben, welche Erfahrungen Ihre Kinder während unserer Bewegungs-, Mal- und Musikangebote sammeln."

Drei Ideen für solche Praxis-Phasen beim Elternabend:

Morgenkreis mit Störung
Ärger über ständig verspätete Eltern beim Morgenkreis? Spielen Sie einmal diese Tagesphase gemeinsam nach – mit einem Elternteil als Erzieherin, den anderen als Kinder, während Sie und Ihre Kolleginnen die verspäteten Eltern geben... das überzeugt immer.

Fingerspiel-Runde
Fingerspiele- und Singspiele wirken oft kinderleicht. Suchen Sie sich ein mittelschweres Spiel aus und proben Sie gemeinsam den Ablauf, um nachher darüber zu reden, wie viel Konzentration man braucht, um Bewegungen und Sprache zu koordinieren.

Verdecktes Fühl-Angebot
Die Bedeutung des Fühlsinns ist uns Großen oft etwas verloren gegangen. Geben Sie Dinge, an denen die Kinder oft und gerne herumfühlen, verdeckt (in Tüten oder Kartons mit Greifloch) herum, um den Eltern erfahrbar zu machen, was ihr Kind beim Abtasten von Kneteklöß, Wattebausch oder Kieselstein mit den Fingern erfährt.

PROTOKOLLE UND HANDOUTS:

Wie halte ich Ergebnisse fest?

„Auf dem letzten oder vorletzten Elternabend waren wir uns alle einig, dass täglich rausgegangen werden soll!" Was Frau Lehmann da lautstark in die Runde wirft, macht Erzieherin Sandra wie andere Eltern stutzig: Gab es wirklich einen solchen strikten Beschluss – oder wurde nicht eher unverbindlich über ein allgemeines Ziel gesprochen?

In der Krippe „Wurzelzwerge" könnten solche Unsicherheiten nicht auftreten, denn Elternabende werden hier sehr gründlich protokolliert. Erzieher Joe nimmt die Sache immer sehr genau, was freilich viel Zeit kostet. Umso mehr ärgert es ihn, wenn seine mehrseitigen Mitschriften kaum gelesen werden – und trotz dieser Arbeit immer wieder über längst geklärte Punkte gesprochen werden soll.

Wo etwas verabredet wird, sollte auch Protokoll geführt werden. Nicht jede Form von Elternabend braucht ein Protokoll – weder der gemütliche Keks-Knabber-Nachmittag zum Kennenlernen noch ein Abend mit pädagogischem Vortrag (letzterem könnte natürlich ein kurzes Handout oder eine Liste mit Literaturempfehlungen das Sahnehäubchen aufsetzen). Alle anderen Elternabende benötigen ein Protokoll – auch, um damit zu zeigen, dass die besprochenen Themen Bedeutung haben.

Wie sollte man effektiv protokollieren?

Schauen wir uns einmal typische Formen von Protokollen an: Das Wortprotokoll wird häufig im Bundestag gewählt. Es zeichnet sich dadurch aus, dass wortwörtlich mitgeschrieben wird, was gesagt wurde. Diese Form des Protokolls ist für einen Elternabend ungeeignet, denn wer verfügt schon

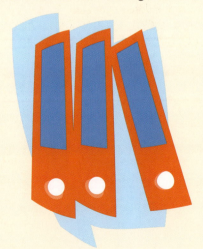

über die Fähigkeit wortwörtlich mitzuschreiben und vor allem: Wer möchte dies später nochmal lesen? Niemand!

Passender ist für uns die Form des Beschlussprotokolls, welches sich darauf beschränkt, die Beschlüsse der Versammlung festzuhalten. Das Beschlussprotokoll beinhaltet die Tagesordnungspunkte und verweist ggf. auf vorbereitete Vorlagen, welche an die Teilnehmer verteilt werden. Schließlich werden nur noch die gemeinsamen Beschlüsse in klarer und verständlicher Form dazugeschrieben.

Ein Protokoll enthält immer diese Informationen:

- Datum der Versammlung, Uhrzeit und Ort
- Alle Teilnehmer
- Protokollführer
- Vorsitzender
- Tagesordnung mit Beschlüssen, Aufgaben, Verantwortlichkeiten und Terminen
- Termin, Ort und Uhrzeit der nächsten Sitzung

Werden im Protokoll Aufgaben verteilt, ist es wichtig immer festzuhalten: Wer macht was bis wann?

Unserer Erfahrung nach wird in Protokollen oft festgehalten, was man sich vorgenommen hat, nicht aber, wer das bis wann erledigen will. Ergebnis ist logischerweise ein späteres Schulterzucken, wenn aus dem Geplanten nichts geworden ist. Um das zu vermeiden, sollte der Protokollführer in der Sitzung nicht zögern, bei allen ins Protokoll aufzunehmenden Vorhaben beharrlich nachzufragen, wer sich konkret darum kümmert und bis wann er das tun will – um Verbindlichkeit zu erzeugen und damit für für alle klar ist, wen man auf das Thema ansprechen kann.

Wie wird ein Protokoll beschlosssen?

Ein Protokoll muss von der Gemeinschaft beschlossen und bestätigt werden. Dazu sollte am Ende der Sitzung das Protokoll nocheinmal gemeinsam gelesen und Anmerkungen und Einwände sofort zurückgemeldet werden. Bei heiklen Diskussionen ist es aber auch möglich, das Protokoll in der nächsten Sitzung noch einmal zu kontrollieren und zu beschließen.

Wann wird ein Protokoll verteilt?

Das Protokoll sollte möglichst zeitnah nach der Sitzung allen Mitgliedern der Gemeinschaft zugehen, auch denjenigen, die nicht anwesend sein konnten. Bitte nicht zu lange mit dem Verteilen des Protokolls warten – nach vierzehn Tagen erinnert sich niemand mehr so genau, was eigentlich Thema war und oft sind Aufgaben unmittelbar im Anschluss an die Sitzung zu erledigen. Deshalb sollte derjenige, der einen Auftrag bekommen hat, zeitnah im Protokoll nachlesen können, was genau beauftragt wurde.

In welcher Form gelangt das Protokoll zu den Eltern?

Sinnvoll sind das versenden per E-Mail oder Post, das Aushängen eines Ausdruckes, bei Bedarf auch das Auslegen einer begrenzen Anzahl von Protokollen im Eingangsraum der Krippe für alle, die lieber ein Papier mitnehmen und durchlesen.

Und wann kann das weg?

Viele Kindereinrichtungen sind angehalten, die Protokolle der Elternabende eine Zeit lang aufzubewahren, um nachzuweisen, dass sie der gesetzlichen Pflicht zur Durchführung von Elternversammlungen nachgekommen sind. Bitte prüfen Sie nach, ob ihr Kitagesetz eine solche Regelung enthält.

KONFLIKTE:

Wie gehe ich produktiv mit unterschiedlichen Ansichten um?

„Das war wieder die reinste Psychonummer!", erzählt Kitaleiter Jörg. „Erst missbraucht Frau Neumann ihren Elternvertreterposten, um ewig über die vermeintliche Schlechtbehandlung ihrer Tochter zu referieren. Irgendwann reicht es dann Oles Vater und er sagt ihr, dass dieser Quatsch ihre Privatsache ist und nicht auf den Elternabend gehört. Schließlich droht Frau Neumann damit, ihren Vertreterposten zu schmeißen, es seien ja sowieso alle gegen sie, nur weil sie sich als einzige traue, was gegen unsere miese Arbeit zu sagen. Entsetzlich...!"

Jede erfahrene Erzieherin kennt das: Bis zum vorletzten Punkt verlief der Abend ziemlich harmonisch, alles sah nach einem schnellen und einvernehmlichen Ende aus – und dann reichte eine Elternfrage oder ein ungeschickt gewähltes Erzieherwort aus, um den Abend in einen Konflikt ausarten zu lassen, der noch in den nächsten Wochen für Gesprächsstoff und Unmut sorgt.

Klar: Es ist nicht leicht größere Menschengruppen unter einen Hut zu bringen. Viele verschiedenen Lebensweisen, Meinungen und Erfahrungen sitzen vor uns Erzieherinnen, wenn wir einen Elternabend gestalten. Da kann es schon mal vorkommen, dass nicht alle einer Meinung sind und hin und wieder Konflikte auftreten.

Konflikte sind im Grunde nichts Schlimmes. Sie machen auf Problemlagen aufmerksam und zeigen Handlungsbedarf auf. Auf jedes Anzeichen von einem Konflikt oder einer Störung sollte reagiert werden, damit es nicht zur Eskalation kommt.

So vermeiden sie mögliche Meinungsverschiedenheiten und Konflikte auf Ihrem Elternabend:

Eine gemeinsame Basis schaffen

- Sie sollten sicher sein, dass die Eltern fachliches und persönliches Vertrauen in Sie haben.

- Die Eltern sollten die Sicherheit haben, dass sie in ihrer persönlichen Lebenssituation wargenommen und verstanden werden.

- Sie sollten den Eltern die Sicherheit geben, dass sie von Ihnen und Ihren Kolleginnen akzeptiert und anerkannt sind .

- Eltern müssen sicher sein können, dass persönliche Informationen über sie und ihre Kinder nicht an andere Eltern gelangen.

- Sie sollten Ihre Eltern gut kennen, um zu wissen, welche Themen Konflikte auslösen können und um vorherzusehen, welche Reaktionen von bestimmten Personen zu erwarten sind.

Elternabend professionell durchführen

- Die richtigen Erwartungen wecken, indem auf eine klare Darstellung des Themas in der Einladung geachtet wird.

- Der Einsatz von Medien hilft bei der Versachlichung des Themas. Geeignet sind Präsentationen, Fotos und Filme.

- Eine gute Idee ist es, an die Eltern Papier und Bleistift auszuteilen, um sie mithilfe von kleinen Aufgabenstellungen in das Thema einzubinden.

- Geben Sie Raum für Diskussionen, aber lenken Sie diese.

- Schwierige Fragen oder Themen, die nicht vorgesehen sind, an eine Arbeitsgruppe delegieren und verbindlich dafür Sorge tragen, dass diese als Punkt auf der Tagesordnung des nächsten Elternabends behandelt werden.

- Wenn Sie ihre eigene Meinung äußern, sollten Sie dieses deutlich machen.

- Machen Sie die gemeinsame Verantwortung für das Gelingen der Krippenzeit der Kinder deutlich, indem sie die Eltern in Problemlösungen, Ideensammlungen und das Verabreden von Maßnahmen einbinden.

Auf sorgfältige Nachbereitung achten

- Achten Sie darauf, dass alle Eltern und Erzieher (auch diejenigen, die nicht am Eltenabend teilgenommen haben) ein Protokoll erhalten.

- Sprechen Sie Eltern einzeln an, die Ihnen auf dem Elternabend aufgefallen sind und bei denen sie Zweifel oder Konflikte vermuten.

- Werten Sie den Elternabend im Team aus und ziehen sie Schlüsse für Ihre weitere Arbeit, für notwendige Elterngespräche oder Themen, die alle noch interessieren könnten.

- Halten Sie Vereinbarungen aus den Elternabenden unbedingt ein und fragen Sie nach, wenn jemand anders eine Vereinbarung nicht einhält.

DISKUSSIONEN LENKEN:

Bei welchen Themen sage ich Nein?

„Ich würde jetzt doch einmal gerne darüber sprechen, dass es in der Gruppe ein Kind gibt, das den anderen vorsätzlich wehtut. Natürlich sind genau dessen Eltern nicht da – aber wir haben als Eltern der Betroffenen das Recht zu erfahren, welche Maßnahmen Sie ansetzen, um das entsprechende Kind davon abzuhalten!"

„Man kann mit mir über alles reden!", sagt man schon einmal, aber in Bezug auf den Elternabend trifft das nur teilweise zu. Viele Faktoren sprechen dagegen, die Elternversammlung als Austragungsort für Konflikte aller Art zu nutzen: Schon allein zahlenmäßig stehen Eltern und Erzieher in einem ungünstigen Verhältnis zueinander. Während Eltern (verständlicherweise) aus der Sicht emotional Betroffener heraus argumentieren, versuchen die Erzieherinnen (idealerweise) die professionelle Distanz zu waren. Eine verlässliche Abstimmung der Meinungen mag es auf Seiten des Krippenteams geben, bei den Eltern ist das fast nie der Fall.

Pflicht derjenigen, die den Abend leiten, ist es also bei aufkommenden schwerwiegenden Konflikten, den geeigneten Rahmen für die unterschiedlichsten Formen von Ansprüchen und Bedürfnissen zu finden.

Folgende Themen eignen sich daher nicht für die gemeinsame Besprechung im Elternforum:

Grundsatzdiskussionen über das Konzept:

Toll, dass sich Eltern für pädagogische Fragen interessieren lassen – aber es geht zu weit, wenn Eltern den Elternabend nutzen, um Veränderungen von dem verlangen, was ihnen als Konzept versprochen wurde. Das ist nicht nur ungünstig, weil den Eltern die fachliche Kompetenz fehlt, pädagogische Festlegungen treffen zu können, sondern auch deswegen, weil die Gruppensituation bei dieser Versammlung oft dazu führt, dass Einzelmeinungen unberechtigt zum scheinbaren Wunsch der Gemeinschaft werden.

Besser:
Eigene Rolle klarmachen. Bei ernsthaftem Änderungsbedarf des Konzepts verlässliche Arbeitsgruppen aus Eltern(-vertretern) und Pädagoginnen einberufen, deren Ergebnisse der Gesamt-Elternversammlung später präsentiert werden.

Bedürfnisse und Herausforderungen einzelner Kinder:

Auch wenn andere Gruppenmitglieder unter dem Verhalten des Beißkindes im Beispiel leiden, darf schon aus datenschutzrechtlichen Gründen nicht vor der Gesamtgruppe über eine individuelle Fördermaßnahme gesprochen werden.

Besser:
Bei Gesprächsbedarf von Eltern über Probleme in Bezug auf das eigene Kind immer (bei Bedarf auch kurzfristig) zum Elterngespräch einladen. Dem Gesprächswunsch aus der Gruppe über einzelne Kinder nicht nachgeben – unter Hinweis auf den Datenschutz sowie darauf, dass die Eltern dieses für ihr eigenes Kind berechtigterweise auch nicht unterstützen würden. Dieses auch für den Fall durchsetzen, dass die Eltern des betroffenen Kindes zunächst mit einem Gruppengespräch einverstanden sind!

Personelle Angelegenheiten:

Von der Erkrankung oder Kündigung einzelner Mitarbeiterinnen sind die Kinder zwar persönlich betroffen – aber der Anspruch des Mitarbeiters auf Vertraulichkeit geht vor – auch aus rechtlichen Gründen.

Besser:
Bei schwierig zu kommunizierenden Personalangelegenheiten die Elternvertretung unter Hinweis auf strikte Vertraulichkeit vorab informieren und eine gemeinsame Sprachregelung für den Elternabend vereinbaren. Das Gespräch am Elternabend vom Bedürfnis der Eltern, Hintergründe zu erfahren, auf den Umgang mit der entstehenden Situation lenken – statt „Warum kommt sie nicht mehr?" also über Wege zur Neubesetzung der Stelle o.ä. sprechen.

BEISSKINDER

In der Krippe gehört das Thema zum Standardprogramm auf Elternabenden: Ein Kind wurde von einem anderen wiederholt gebissen, gekratzt oder an den Haaren gezogen. Die Eltern reagieren entsetzt, als sie beim Abholen Wunden am Körper des Kindes sehen und verlangen nun vom Erzieher, dass er den Täter benennt und berichtet, wie er dessen Verhalten in den Griff kriegen will.

Wie damit umgehen? Zunächst sollten Sie auf Ihre Pflicht zur Vertraulichkeit hinweisen und den Namen des Kindes nicht preisgeben. Zweitens sollten Sie darauf hinweisen, dass kleinkindliches Beißen nur Ausdruck einer bestimmten Phase der Entwicklung ist, die nichts mit Aggression zu tun hat, sondern viel mit oralen Bedürfnissen und noch nicht vorhandener Empathie in unserem Sinne. Drittens sollten Sie berichten, wie Sie grundsätzlich mit diesem Thema umgehen: das gebissene Kind trösten anstelle den „Beißer" in den Mittelpunkt zu stellen, um diesen nicht noch mit Aufmerksamkeit zu „belohnen". Viertens sollten Sie über die vielen erfolgreich bewältigten Beißfälle in ihrer Krippe sprechen – und wenn das alles nicht hilft, lohnt es, eine ortsansässige Kinderärztin oder Erziehungsberaterin zum Kurzvortrag oder zur Fragestunde zu diesem Thema einzuladen.

ALTERNATIVEN:
Was können wir noch zusammen machen?

„Elternabend, Laternenlauf, für das Sommerfest Bouletten braten und Eierlauf anbieten: Die Elternarbeit unserer Kita hat sich irgendwie seit meiner Kindheit nicht weiterverändert. Mir fehlt es an Aktionen, wo ich mich als Person einbringen kann – und nicht nur als Mutti, die brav die Laterne hält und ‚Sankt Martin' mitbrummt..."

Auch wenn am Ende der Tagesordnung der „gesellige Teil" mit einem Bier in der benachbarten Kneipe steht – Elternabende alleine schaffen es oft nicht, die vielbeschworene Gemeinschaft unter den Eltern zu fördern und all den unterschiedlichen Menschen der Elterngruppe das Gefühl zu geben, zu diesem Lebensort ihres Kindes dazuzugehören.

Es ist gut, neben den hoffentlich spannend angelegten, mehr als aus Zuhören und Reden bestehenden Elternabenden sich noch weitere Veranstaltungen für Eltern auszudenken, bei denen diese untereinander, mit ihren Kindern und mit Ihnen und Ihrem Team locker, gesellig und unverkrampft in Kontakt kommen. Dazu braucht es mehr als eine passive Rolle, die man dem Kind zuliebe einnimmt. Als Erzieher sind Sie gut darin, Menschen zu Aktionen zu animieren, bei denen diese Spaß und Bereicherung empfinden. Wenden Sie diese Kompetenz auch zur Gestaltung von Elternveranstaltungen an.

Folgende Aktionen bieten sich im Rahmen von Elternveranstaltungen an:

Spielzeugbasteltag

Welches Spielzeug ist gut für mein Kind? Krippenerzieherinnen wissen, dass es oft nicht auf den Preis, sondern die gute Idee ankommt. An einem Spielzeug-Bau-Nachmittag können Sie mit den Eltern zusammen Anregungsmaterial für Zuhause und die Krippe herstellen – zum Beispiel Fühlwände, Aktionstabletts, Glitzerflaschen und Materialboxen. Und während des – gut vorbereiteten! – Bastelns ist Zeit für Gespräche über pädagogische Fragen aller Art.

Mal-Tag für Groß und Klein

Mit dem eigenen Kind mal „richtig in Farbe schwelgen" – diesen Wunsch erfüllen sich Eltern aus berechtigter Angst um die Sauberkeit der heimischen Wände selten. Wie gut, wenn Sie diese Aufgabe übernehmen und zum Krippenatelier für Groß und Klein einladen, wo Eltern mit Kindern am Farbpendel experimentieren und zusammen erste Pinselstriche auf ein großes Blatt setzen können!

Eltern-Angebote

Gibt es Hobbykünstler, Musiker, Sportler, vorlesebegabte Menschen in Ihrer Elterngruppe? Laden Sie dazu ein, einmal im Monat oder in einer bestimmten Woche Eltern-Angebote zu planen und mit den Kindern durchzuführen. Natürlich begleiten Sie die Planung der Eltern, um ihnen dabei erfahrbar zu machen, worauf es beim Arbeiten mit den Kleinen ankommt.

13 Regeln für gelingende Elternabende

- Individuelle und allgemeine Informationen trennen

- Die Eltern gut kennen

- Einen gesunden und richtig platzierten Informationsaustausch pflegen

- Jeden Elternabend gut vorbereiten

- Eine angenehme Atmosphäre und eine den Erwachsenen angemessene Raumordnung schaffen

- Die Elternvertreter in die Vorbereitung einbeziehen

- Interessen, Fragestellungen, wichtige Themen im Vorfeld abfragen

- Niemals ohne Tagesordnung in einen Elternabend gehen

- Eine Leitung des Elternabends festlegen

- Diskussionen leiten und Diskussionsregeln einhalten

- Den Zeitplan einhalten

- Die wichtigsten Beschlüsse protokollieren

- Das Protokoll allen Mitgliedern der Gemeinschaft zugänglich machen

10 Präsentationen für Ihren Elternabend

Wie wir planen

Die Entwicklung des Spiels

Mit Qualitätsmanagment arbeiten

Die Sprachentwicklung

Wir dokumentieren im Portfolio

Die Spielschemen von Kleinkindern

Sicherheit

Lernanlässe in der Krippe

Der Tagesablauf

Datenschutz

IMMER MIT BLICK AUF DIE KINDER:

Wie wir planen

Warum das Thema für Eltern interessant sein könnte:

Welche Aufgaben verbinden Eltern mit der Tätigkeit eines Erziehers? Vor allem werden sie dabei wohl an Betreuungsaufgaben und Angebote denken. Dagegen bleibt der Hintergrund der pädagogischen Arbeit, das Beobachten und Planen, den Eltern meist eher verborgen. Wenn Eltern mehr über diese Arbeitstechniken erfahren, verändert sich ihr Blick auf die pädagogische Arbeit: Sie nehmen die Professionalität der Erzieherinnen stärker wahr, und das Verständnis für Phasen, in denen nicht direkt etwas mit den Kindern gemacht wird, sondern eben geplant und beobachtet wird, steigt ebenfalls. Ebenso ist das Thema „Beobachtung" eine gute Basis, um über den hohen Wert von begleiteten Spielphasen – und den überschätzen Wert von Angeboten – zu sprechen.

Elternfragen, mit denen Sie rechnen sollten:

- Wozu braucht es „gezielte Beobachtungen" – man kriegt doch sowieso alles von den Kindern mit?

- Werden alle Kinder beobachtet – oder nur die besonders auffälligen?

- Stört es ein Kind nicht, wenn es merkt, dass es beobachtet wird?

- Wenn Angebote aufgrund von Beobachtungen entwickelt werden: Was ist mit den Bildungszielen, die erreicht werden müssen?

- Kann ich selbst in die Dokumentation Einblick nehmen? Kann ich meine (abweichende) Sicht einbringen, wird diese ernst genommen?

- Was ist mit dem Datenschutz? Dürfen die Dokumentationen an Fremde (Kollegen in anderen Gruppen, Jugendamt, Therapeuten) weitergegeben werden?

- Werden wirklich Angebote für einzelne Kinder geplant – oder wie ist „individuelle Förderung" zu verstehen?

Elternsorgen, die mit dem Thema einhergehen:

Eltern können befürchten, dass ihr Kind negativ beurteilt wird – und diese Meinung sich im Austausch im Team festsetzt.

Eltern befürchten, dass mit dem Aufschreiben von Beobachtungen und langen Planungssitzungen viel Zeit für die direkte Arbeit mit den Kindern verloren geht.

Darauf können Sie bauen:

Eltern ist es in der Regel ein wichtiges Anliegen, dass ihr Kind individuell wahrgenommen wird. Gute Beobachtung leistet das.

Von den Arbeitsweisen moderner Erzieherinnen haben Eltern oft unzureichende Vorstellungen. Von professionellen Techniken wie dem Beobachten, Dokumentieren und Planen dürften sie daher eher positiv überrascht sein.

Viele Eltern möchten gerne mehr über die Entwicklung ihres Kindes mitbekommen und verstehen. Von daher können die Methoden des Beobachtens, Dokumentierens und Planens auf hohes Interesse stoßen.

Mögliche weitere Aktionen zu diesem Thema:

Teilen Sie Beobachtungsbögen zum Selbermachen aus – möglichst solche, die bestimmte Beobachtungsschwerpunkte haben, die Eltern gut einschätzen können.

Lassen Sie eine Erzieherin während des Vortrages beobachten – und nachher vom Beobachtungsbogen lustige und überraschende Beobachtungen (Stuhlruckeln, Räuspern, sich Kratzen etc.) vortragen.

Hängen Sie Planungsbögen aus, auf denen erkennbar ist, wie geplant wird

1

Immer mit Blick auf die Kinder: Wie wir planen
In diesem Vortrag möchten wir Ihnen vorstellen, auf welcher Grundlage wir das tun, was wir mit den Kindern machen. Sie erfahren, wie unsere Planung funktioniert und warum wir dabei immer den Blick auf die Kinder richten.

2

Auf welcher Grundlage planen wir unsere Arbeit?
Wie Sie wissen, treffen wir uns regelmäßig zu Planungssitzungen, um darüber nachzudenken, was wir für Angebote machen wollen und welche Spiele wir mit den Kindern spielen möchten. Unsere Ideen über kommende Aktionen mit Kindern entstehen nicht „aus dem blauen Dunst", sondern auf zwei Grundlagen:

Themen, denen die Kinder begegnen: Das Bildungsprogramm
Im Bildungsplan / Bildungsprogramm / Orientierungsplan (landesübliche Bezeichnung verwenden) steht, welche Themen wir mit den Kindern während der gesamten Kita-Zeit behandeln sollten.

Was die Kinder aktuell bewegt: Beobachtungen
Diese Themen müssen zu dem passen, was die Kinder aktuell interessiert. Um die aktuellen Interessen der Kinder, aber auch ihre Bedürfnisse mitzubekommen, beobachten wir sie regelmäßig.

3

Wichtigstes Mittel, um zu erfahren, was die Kinder brauchen: Die Beobachtung
Das Wort „Beobachtung" verwendet jeder. Für uns Erzieherinnen beschreibt der Begriff neben der alltäglichen Bedeutung auch eine Arbeitsmethode: Eine Erzieherin hält ihre Eindrücke über die Kinder fest.

Stimmen meine Eindrücke, die ich von den Kindern habe?
Manche Beobachtungen von einzelnen Kindern sind wichtig, um die Eindrücke zu überprüfen, die wir von den Kindern haben. Wir fragen uns beim Beobachten: Stimmt das, was ich von einem Kind zu wissen glaube, wirklich? Welche Aspekte habe ich übersehen?

Was tun die Kinder gerade besonders häufig?
Mit anderen Beobachtungen untersuchen wir, was die Kinder gerade tun, um auf dieser Grundlage Angebote für sie zu planen. Sie als Eltern kennen das ja selbst: Kleinkinder gehen mit großer Energie selbst gewählten Aktivitäten nach. Wenn man ihnen dabei eine andere Aktivität vorschlägt, reagieren sie eher uninteressiert, aber wenn man ihnen etwas vorschlägt, das ihr Interesse bedient, sind sie schnell zu begeistern.

Notizen bei Beobachtungen
Wir machen bei jeder Beobachtung Notizen…,
- um die Eindrücke nicht zu vergessen,
- um darüber im Team / zu zweit zu diskutieren. Schließlich wissen wir, wie wichtig es ist, mehrere Sichten zu vergleichen, um jedem Kind gerecht zu werden.
- um mit Ihnen im Elterngespräch darüber sprechen zu können, wie wir Ihr Kind sehen – und diese Sicht mit Ihrer zu vergleichen.

4

Festhalten von Eindrücken in verschiedener Form: Dokumentation
Mit dem Begriff „Dokumentation" bezeichnen Erzieherinnen alle Aufzeichnungen ihrer Arbeit. Neben Notizen sind das natürlich auch Fotos, Filme und Tonaufnahmen. Solche Dokumentationen stellen wir zu unterschiedlichen Zwecken her:

Für Sie: Tagebuch und Poster
Um Ihnen Einblick zu geben, was wir machen – zum Beispiel mit dem Tagebuch und Postern mit Fotos.

Für unsere Arbeit: Beobachtungsbögen und -listen
Um für unsere Besprechungen festzuhalten, was wir gesehen und gemacht haben – zum Beispiel mit Beobachtungsbögen oder Kurzreflexionen nach durchgeführten Aktionen.

Und für die Kinder?
Wir stellen Dokumentationen aber auch her, um den Kindern eine Erinnerungshilfe zu geben – zum Beispiel, indem wir mit ihnen die Fotos auf Postern oder im Tagebuch anschauen und darüber sprechen, was wir da erlebt haben. So begreifen Kinder, was Vergangenheit ist.

5

Gemeinsam besprechen, was wir vorhaben / was als nächstes passiert: Planung
Wenn wir uns zum Planen treffen, geht es um unterschiedliche Formen, unsere Arbeit vorzubereiten:

Angebote planen
Manchmal planen wir konkrete Angebote oder größere Feste zusammen.

Individuelle Förderung und Unterstützung planen
Manchmal sprechen wir konkret darüber, welche besondere Unterstützung ein bestimmtes Kind brauchen könnte.

6

Angebote planen…
Wir setzen uns regelmäßig zusammen, um die Angebote für die nächste Zeit zu planen. Dazu tragen wir zusammen, welche Tätigkeiten die Kinder gerade besonders häufig ausführen und welche Spiele beliebt sind. Wir überlegen dann, welche zusätzlichen Materialien oder Spielideen sie jetzt brauchen. Wir planen dabei nicht nur konkrete „Angebote" wie unsere tägliche Aktion nach dem Morgenkreis, sondern versuchen das aktuelle Thema der Kinder auch bei der Auswahl von Vorlesebüchern, den Liedern im Morgenkreis und ähnlichen Anlässen vorkommen zu lassen.

…aber nicht zu konkret!
Selten ist es so, dass wir konkrete Abläufe planen, wie es vielleicht später die Lehrerin macht –

bei Kleinkindern ist das nicht sinnvoll und gilt unter Fachleuten als überholt. Sie kennen das: Bei allzu konkreten Planungen machen die Kinder sowieso etwas ganz anderes, als Sie sich gedacht haben. Viel wichtiger sind anregende Impulse: Wir überlegen, auf welche Dinge und Spielideen die Kinder jetzt besonders intensiv reagieren. Was sie genau damit machen sollen, überlegen wir nicht, da vertrauen wir voll auf die immer wieder beeindruckende Fantasie der Kleinen!

7

Gespräche über einzelne Kinder, Entwicklungskonferenzen
Regelmäßig (einmal im Jahr / Halbjahr / vor Elterngesprächen) sprechen wir darüber, wie es jedem Kind geht. Dazu helfen uns natürlich die Beobachtungen, die die Erzieherin des Kindes gemacht hat. Wir besprechen dann Dinge wie:
- Fühlt sich das Kind in der Gruppe wohl?
- Auf welche Form von Ansprache reagiert das Kind besonders gut?
- Für welche Unterstützung ist es dankbar, wo sollten wir es mehr ausprobieren und selbermachen lassen?
- Gibt es etwas, das wir mit Ihnen als Eltern besprechen sollten?

8

Zeit, um weiterzudenken: Teamtage, Konzeptionstage
Über welche Themen unser Team einmal länger sprechen möchte, legen wir zusammen fest. Auch wenn wir wissen, was ein Schließtag für Sie an Aufwand bedeutet: Es tut uns gut, in Ruhe über bestimmte pädagogische Fragen sprechen zu können und neue Ideen kennenzulernen.

Wir bekommen durch Teamtage neue Ideen und Schwung, und die Kinder profitieren davon. Gerne erzählen wir Ihnen auf dem folgenden Elternabend, mit welchen Fragen wir uns beim Teamtag / Konzeptionstag beschäftigt haben!

9

Unsere gemeinsame Planung mit Ihnen: Elterngespräche
Wir möchten uns mit Ihnen gerne einmal / zweimal usw. im Jahr zum Elterngespräch verabreden. Vielleicht denken Sie dabei automatisch an die Gespräche, zu denen Eltern in die Schule eingeladen wurden, wenn das Kind etwas „ausgefressen" hatte...

Sind wir der gleichen Ansicht?
Uns geht es jedoch darum, unser Bild von Ihrem Kind mit Ihrem Bild abzugleichen. In der Regel sprechen wir dabei nicht über irgendwelche Probleme, sondern über das, was ihr Kind kann, mag und will.

Können wir etwas für Ihr Kind tun?
Unser Ziel beim Elterngespräch ist, dass wir herausfinden, wie wir Ihr Kind gemeinsam am besten auf seinem Weg unterstützen können. Nicht durch große Lernangebote, sondern kleine Gesten: Ermunterungen, wenn es mal nicht weiter kommt, Geduld, wenn es Zeit braucht, mehr „Futter", wenn es bestimmte Dinge besonders begeistert macht.

10

Interesse an Einblick?
Um Ihnen einen Einblick in unsere Arbeit mit den Methoden der Beobachtung, Dokumentation und Planung zu geben, haben wir Ihnen einige Beispiele für Beobachtungsbögen, Dokumentationsmethoden und Planungsbögen mitgebracht – stöbern Sie doch ruhig darin!

(Achtung: Keine Dokumente verwenden, die Einblick in die Entwicklung eines Kindes zulassen!)

KINDER LERNEN SPIELEND:
Die Entwicklung des Spiels

Warum das Thema für Eltern interessant sein könnte:

Dass die Entwicklung eines Kleinkindes nach gewissen Gesetzmäßigkeiten abläuft, kennen junge Eltern zumindest von den ärztlichen Untersuchungen. Schon grundsätzlich dürfte die Entwicklung des Spiels daher interessant für sie sein, zumal dieser Aspekt beim Kinderarzt kaum besprochen wird.

Wenn Eltern etwas über die verschiedenen Phasen des kindlichen Spiels erfahren, verstehen sie besser, welchen Hintergrund die Arbeit der Erzieher bei der Begleitung des Spiels und dem Bereitstellen von passenden Materialien hat. So können sie gezielter als bisher mit ihrem Kind daheim spielen und passende Spielzeuge anbieten.

Elternfragen, mit denen Sie rechnen sollten:

- Muss man das Spiel fördern? Welche Spielzeuge sind gut? Ist es gefährlich, wenn mein Kind immer die gleichen Spiele spielt, ohne sich dabei weiterzuentwickeln? Muss man irgendwann aufhören mit spielen – und anfangen zu lernen?

- Braucht das Kind Mitspieler? Muss ich mitspielen, sollen die Erzieher mitspielen? Oder raubt das die Fantasie?

- Mein Kind akzeptiert beim Gesellschaftsspiel keine Regeln, will nicht verlieren – sollte man nicht eingreifen?

Elternsorgen, die mit dem Thema einhergehen:

Viele Eltern haben das Gefühl, nicht zu wissen, wie man mit dem eigenen Kind spielt.

Viele Eltern erleben zuhause ihr Kind als wenig spielfreudig, wenn es nach der Kita lieber fernsehen möchte als alleine zu spielen.

Beim Spiel mit anderen Kindern entdecken Eltern beim eigenen Kind auch scheinbare Schattenseiten, etwa wenn es dominieren will, anderen wehtut, sehr laut wird oder destruktive Fantasien äußert. Eltern besorgt, ob dahinter negative Charakterzüge sichtbar werden.

Darauf können Sie bauen:

Viele Eltern besorgt die Frage, ob sie ihr Kind auf besondere Weise fördern sollten. Es beruhigt sie, wenn Sie Ihnen zeigen, dass das Spielen mit dem Kind die wichtigste Förderung ist, denn diese Unterstützung können die Eltern selbst geben.

Überraschend oft führt das Spiel zuhause zu Konfliktsituationen. Dankbar sind Eltern für Tipps, wie sie das Spiel mit dem eigenen Kind angenehmer gestalten können.

Für pädagogisch nicht versierte Eltern ist es hochinteressant, wenn Sie ihnen die Phasen des Spiels erklären – und dadurch Ihre Beobachtungen plötzlich eine Art System erkennen lassen.

Mögliche weitere Aktionen zu diesem Thema:

- Videofilme vom Spiel der Kinder zeigen
- Fotos vom Spiel der Kinder zeigen
- Spielmaterial, das jeweils zu einer der Spielphasen passt, ausstellen und benutzen lassen
- Spielzeug für Konstruktionsspiele als stummen Impuls auf den Tischen der Eltern bereitlegen, um sie damit spielerisch tätig werden zu lassen
- Über bevorzugte, beliebte und unbeliebte Spielecken daheim sprechen
- Austausch über Spielideen für Wochenenden und Kindergeburtstage anregen

1

Kinder lernen spielend: Die Entwicklung des Spiels

Wie Sie als Eltern wissen, beginnen Kinder von sich aus Dinge in ihrer Umgebung spielerisch zu untersuchen. Die Spielfähigkeit und den Wunsch, zu spielen, hat die Natur uns – und vielen anderen Lebewesen – mitgegeben.

2

Warum spielen Kinder?

Spiel ist Genuss – aber nicht nur
Spielen macht Kinder glücklich. Das liegt aber nicht daran, dass es eine passive, erholsame Zeit ist, wie wir es vielleicht wahrnehmen, wenn wir in unserer Freizeit spielen. Zwar bereitet das Spiel Kindern eindeutig Freude, aber es ist gleichzeitig eine wichtige geistige Aktivität, ohne die Kinder nicht lernen könnten.

Im Spiel lernen die Kinder die ganze Welt kennen
Beim Spielen stellen die Kinder ganz unterschiedliche Fragen an die Welt: Mal untersuchen sie spielerisch die Natur um sich herum, mal soziale Beziehungen, später sogar abstrakte Dinge. Die Untersuchungen passieren eher nacheinander, die Welt wird also in aufeinanderfolgenden Spielformen untersucht.

3

Die Entwicklung des Spiels

Erziehungswissenschaftler haben schon früh untersucht, was Sie als Eltern selbst feststellen: Wie sich die Bewegungsmöglichkeiten und der Wortschatz des Kindes in den ersten Jahren rasant entwickeln, so entwickeln sich auch die Spielformen des Kindes aus einfachen Spielen zu einer ganzen Palette an Spielformen. Man kann die Entwicklung des Spiels gut verstehen, wenn man diese Entwicklung in Phasen einteilt. Die wichtigsten stelle ich Ihnen vor, und bestimmt erkennen Sie darin das wieder, was Ihr Kind tut oder getan hat.

4

Die Dinge um mich untersuchen: Das Funktionsspiel
Was passiert, wenn ich das mache? Gibt es einen tollen Effekt, wenn ich das tue? Diese Frage passt für all die Dinge, die ganz kleine Kinder machen, wenn sie spielen. Was passiert, wenn ich Dinge fallen lasse, aneinanderschlage oder hinter Ritzen verschwinden lasse?

5

„Ich bin weg" – Das Kuckuck-Spiel
Die ersten Spiele drehen sich um Grundfragen an die Welt. Ein Beispiel, das jeder von Ihnen kennt, ist wohl das Kuckuck-Spiel. Dabei verdeckt die erwachsene Betreuungsperson das Gesicht mit den Händen. Das Baby reagiert darauf mit aufmerksamen Blicken. Der Erwachsene nimmt die Hände wieder weg und das Baby quietscht vergnügt.

6

„Alles fällt" – Untersuchung der Schwerkraft
Ein ganz ähnliches erstes Spiel ist das Fallenlassen, bei dem das Kind untersucht, was passiert, wenn Dinge losgelassen werden. Im Kleinkindalter ist die Schwerkraft noch nicht so selbstverständlich wie für uns – das merkt man auch an der Begeisterung von Kleinkindern für Dinge, die fliegen, etwa Seifenblasen, Vögel oder Helium-Ballons. Ein anderes Beispiel für solche „Funktionsspiele" kennen Sie bestimmt auch: Das Bedienen von Schaltern und Knöpfen, immer voller Spannung, was gleich passiert.

7

Welche Dinge braucht das Kind jetzt zum spielen?
Im Funktionsspiel-Alter benötigen Kinder eigentlich wenig von dem, was wir unter Spielzeug verstehen.

Das beste Spielmaterial ist der Alltagskram
Kinder mögen ein Angebot an Tüchern, um sich oder andere Dinge zu verstecken; lieben Dosen zum Einstecken von Dingen; Dinge, die klappern und rasseln; Dinge mit Knöpfen, die man drücken kann. Eigentlich möchten sie alles untersuchen, was es in ihrer normalen Umgebung gibt, also auch Schubladen zum Auskramen, Behälter zum Auskippen ...

Öfter mal was neues!
Wie viel Spielzeug brauchen sie? Auf keinen Fall zu wenig, denn die Kinder brauchen genug davon, damit sie immer wieder neue Dinge austesten können. Zwar wiederholen Kinder gerade diese ersten Spiele immer wieder, aber sie möchten dabei Variationen erleben. Sie übertragen eine Erfahrung, die sie mit einem Ding gemacht haben, gerne auf ein ähnliches Material.

Spielen ohne Gefahren und Verbote
Wichtig für das Spiel ist nicht nur das Angebot an Material, sondern auch der Freiraum, damit umgehen zu dürfen. Kleinkindern wird oft gesagt, dass sie etwas nicht machen dürfen, weil das zu dreckig oder zu gefährlich ist. Gegen beides können wir in der Krippe angehen, indem wir darauf achten, dass es in unseren Räumen kaum Gefährliches gibt. Und wir überlegen uns, wie wir den Kindern Aktionen anbieten können, bei denen sie Sachen machen dürfen, die normalerweise als zu dreckig gelten. Zum Beispiel, indem sie auf einem Tablett oder in einer Wanne mit Wasser und Sand experimentieren oder bei Malaktionen ausgiebig klecksen und schmieren dürfen.

8

Die Großen nachmachen: Als-Ob-Spiele

Sogenannte „Als-Ob-Spiele", bei denen das Handeln anderer Menschen nachgeahmt wird, spielen Kinder im Alter von über einem Jahre immer häufiger.

„Warum machen die Großen das, was sie tun?"

Je wichtiger etwas aussieht, je mehr wird es nachgemacht. Den Kindern geht es beim Als-Ob-Spiel darum, die Bedeutung von Handlungen herauszufinden, die sie noch nicht verstehen. Typischerweise spielen sie deswegen Handlungen wichtiger Bezugspersonen wie Eltern, Geschwister und Erzieherinnen nach. Besonders interessant sind Handlungen, bei denen viele Emotionen im Spiel sind. Für diese Spielform wird unstrukturiertes Material benötigt - Stöcke, Steine, Muscheln und Tannenzapfen werden zu Landschaften, Lebensmitteln oder anderen Gegenständen. Man nennt diese Spielform auch „Symbolisches Spiel".

9

Telefonieren

Ein typisches Beispiel ist das Telefonier-Spiel. Immer wieder spielen kleine Kinder mit Plastikhandys, Holzklötzen oder der bloßen Hand, dass sie telefonieren. Dabei werden sogar die passenden Gesichtsausdrücke nachgeahmt. Man kann sich gut vorstellen, wie sie dabei versuchen, ein Rätsel zu lösen: Warum sprechen Erwachsene in den Kasten, als sei da jemand drin? Warum darf man dabei nicht stören? Warum wirken die Großen dabei plötzlich so aufgeregt und konzentriert?

10

Welche Dinge braucht das Kind jetzt zum Spielen?
Auch in dieser Spielphase brauchen Kinder vor allem unstrukturierte Materialien (Klötzchen, Steine usw.).

Dinge aus dem Alltag, die für Erwachsene wichtig sind
Wichtig sind jetzt die Alltagsdinge, mit denen wir besonders intensiven, vertieften Umgang pflegen. Rätselhaft sind für Kinder Taschen – also mögen sie jetzt Handtaschen. Immer wichtiger werden Dinge, die sie als Ersatz für Handy oder Computer bespielen können, denn tagtäglich sehen uns die Kinder damit hantieren.
Alltägliche Küchengeräte begeistern die Kinder jetzt natürlich ebenso wie eine Verkleideecke mit Spiegel, in der man vielleicht nachmachen kann, wie Mama sich schön macht – oder Papa rasiert.

Puppen, Stofftiere und Accessoires
Puppen werden jetzt wichtig, denn mit ihnen spielen die Kinder nach, wie sie selbst betreut werden. Gut sind natürlich auch Tisch-Utensilien und ein Wickeltisch.

11

Du wärst wohl... Das Rollenspiel
Wenn Kinder beim Als-Ob-Spiel mit anderen zusammen spielen und dafür Rollen verteilen, beginnt zum Ende des 2. Lebensjahres die Zeit der Rollenspiele. Sie können sich jetzt so gut mit anderen verständigen, dass sie sich gegenseitig Spiel-Aufgaben geben können („Du bist Papa"). Zum Rollenspiel gehört, dass man mit den Spielideen der anderen umgehen können muss, weil diese ja nicht genau das machen, was man sich vielleicht gedacht hat.

Mutter, Vater, Kind
Auch das Rollenspiel dient dazu, das Tun der Menschen um das Kind besser zu verstehen. Anders als beim Rollenspiel begreift das Kind jetzt, dass sich bestimmte Handlungen aus dem Miteinander ergeben. Im Rollenspiel will es intuitiv herausfinden, wie bestimmte Situationen entstehen. Deswegen spielen Kinder nach dem 3. Lebensjahr zusammen oft emotional bewegende Situationen nach, also Streitigkeiten oder das Ausschließen und Integrieren einzelner Kinder.

12

Welche Dinge brauchen die Kinder jetzt zum Spielen?

Mitspieler
Anders als beim Als-Ob-Spiel werden Rollenspiele nicht mehr alleine gespielt, schließlich gehört jetzt immer auch die Reaktion des Mitspielers auf das eigene Tun dazu. In der Krippe finden sich Kinder jetzt automatisch zu Spielgruppen zusammen, zuhause müssen sich oft Familienmitglieder darauf einlassen, gleichberechtigter Rollen-Spielpartner zu sein.

Mini-Möbel für mehrere Spieler
Zusätzlich zu den Dingen, die wir schon beim Als-Ob-Spiel aufgezählt haben, wird es jetzt wichtig, ein paar Miniaturmöbel bereitzustellen, um die passenden Räume für das Rollenspiel zu bauen – zum Beispiel einen Tisch, an dem man „Essen" spielen kann, Matratzen oder Bettchen zum Schlafengeh-Spiel.

Platz, um sich selbst Räume zu schaffen
Wichtig sind jetzt auch Nischen im Raum und Materialien, mit denen man solche bauen kann, denn gerade beim Rollenspiel lieben die Kinder abgetrennte Bereiche: „Hier wär jetzt wohl das Wohnzimmer." Natürlich gehört dazu das Recht, den Raum immer wieder zu verändern und auch mal eine gebaute Zimmerecke über Nacht stehen lassen zu dürfen.

13

Stein auf Stein: Das Konstruktionsspiel
Ganz anders als das Rollenspiel sieht das Konstruktionsspiel aus, bei dem Kinder im 3. Lebensjahr mit Bausteinen, aber auch vielen anderen Materialien Dinge bauen. Dennoch gibt es Gemeinsamkeiten: Auch hier geht es darum, die Welt zu verstehen, indem man sie nachbaut. Nur wird beim Konstruktionsspiel die unbewegte Welt nachempfunden, nicht die Welt der Lebewesen wie beim Rollenspiel. Beide Spielformen verbinden sich oft: Wenn Kinder zwischen ihren Bausteinen Spielfiguren herumwandern lassen oder wenn sie für ihr Vater-Mutter-Kind-Spiel eine Wohnung aus Möbeln zusammenschieben.

„Warum kippt das schon wieder um?"
Beim Konstruktionsspiel geht es Kindern einerseits darum, Bauwerke für ihre Spiellandschaft zu erhalten. Viel wichtiger scheinen ihnen aber die physikalischen Aspekte: Wie wird mein Bauwerk stabil? Warum kippt das um? Wie bekommt man hin, dass das Auto rollt? Welches Material eignet sich für mein Bauvorhaben?

14

Welche Dinge brauchen die Kinder jetzt zum Spielen?

Verschiedene Sorten Baumaterial
Klar, dass die Kinder in dieser Spielphase Bausteine in großer Menge brauchen! Besonders förderlich ist, wenn mehrere Sorten Bausteine zur Verfügung stehen, denn jede fordert die Kinder anders heraus. Mit Duplosteinen kann man besonders stabile Konstruktionen errichten, aber bei Holzbausteinen ohne Noppen ist es spannender, einen stabilen Turm zu bauen. Noch kniffeliger sind sogenannte „ungenormte Bausteine", die krumm und schief sind und sehr geschickt gestapelt werden müssen.
Zum Bauen gehören natürlich auch Stöcke, Kartons, Tücher, Seile...

Naturmaterial in jeder Form – und Orte zum ungestörten Bauen
In der Natur kann fast alles zum Konstruktionsspiel verwendet werden: Wasser, Sand, Erde, Stöcke, Blätter... Deshalb tut Kindern in dieser Phase ein Tag in Wald oder Park besonders gut.

15

Und wie geht es mit dem Spielen weiter?

Erst später: Regelspiele
Erst lange nach dem Krippenalter entwickeln Kinder, etwa mit 5 Jahren, die nächste Spiel-

form des Regelspiels, bei dem vorher festgelegt ist, was jeder Mitspieler darf. Beispiele sind Gesellschaftsspiele wie „Mensch, ärgere Dich nicht" oder Bewegungsspiele wie „Völkerball" und „Räuber und Gendarm". Im Krippenalter fehlen dem Kind wichtige Voraussetzungen, um solche Spiele spielen zu können. Sie sind:
- zu individuell,
- zu emotional,
- zu kreativ

Die Bereitschaft, sich der Gruppe so weit unterzuordnen, fehlt. Ihre Affekte beherrschen sie noch lange nicht so, dass sie „gut" verlieren können, ohne dieses als Schmach zu empfinden. Vor allem hindert die natürliche Kreativität kleine Kinder, sich über einen längeren Zeitraum an solche starren Festlegungen zu halten. Es ist normal, dass Kleinkinder Spielfiguren umfunktionieren und beleidigt sind, wenn sie verloren haben.

16

Erst Funktionsspiel, dann Als-Ob-Spiel?

Spielformen lösen sich nicht ab, sondern kommen dazu!

Die Spielphasen, die wir Ihnen gezeigt haben, beginnen bei jedem Kind nacheinander. Das heißt aber nicht, dass erst eine Phase aufhört, bevor die nächste beginnt. Im Gegenteil: Es gibt eine ganze Menge Spiele aus frühen Spielphasen, die Kinder noch lange nebenher weiter spielen, auch wenn sie längst in der Entwicklung weiter sind. Auch wir Großen können noch Freude an Spielen empfinden, die wir seit frühester Kindheit spielen.

Es ist also ganz normal, dass auch Ihr Kind noch lange „Babyspiele" mag, wenn es eigentlich schon ganz andere Dinge spielt.

17

Wie können Eltern das Kind unterstützen?
Als Erzieherinnen spielen wir natürlich viel mit Ihren Kindern oder unterstützen sie dabei. Wir möchten Ihnen gerne zum Ende des Vortrags ein paar Tipps für Zuhause mitgeben.

Bewusst Spielzeug einkaufen
Es lohnt sich, beim Kauf neuer Spielzeuge darüber nachzudenken, welche Spiele für das Kind jetzt gerade interessant sind und in welcher Phase der Spielentwicklung es sich befindet. Gerade durch erfolgreiches Marketing schaffen es immer wieder Spielzeuge in die Kinderzimmer, mit denen das Kind wenig anzufangen weiß.

Mitspielen und Mitspieler suchen
Spätestens im Rollenspielalter spielt Ihr Kind wahrscheinlich lieber mit anderen als allein. Nehmen Sie sich regelmäßig Zeit, mit Ihrem Kind zu spielen. Lassen Sie sich auf dessen Spielwünsche ein, auch wenn es ungewohnt ist, plötzlich das Baby ihres Kindes spielen zu müssen. Laden Sie andere Kinder ein, mit denen das Kind in der Kita gut spielt.

Unordnung tolerieren
Spiel erzeugt in der Regel Chaos. Gerade kleine Kinder wechseln häufig ihre Spiele, und dabei bleiben Dinge liegen, werden Taschen und Schränke ausgeräumt... Vermeiden Sie es, Ihr Kind während des Spiels zum Aufräumen aufzufordern, weil das die Lust am Spiel nimmt. Machen Sie lieber am Ende der Spielzeit das Aufräumspiel.

Machen lassen
Ohnehin muss man, wenn ein oder mehrere Kinder intensiv in ein Spiel hineingefunden haben, wenig machen – außer sich zurückziehen. Gerade wenn andere Kinder da sind meinen viele Eltern, ein Programm bieten zu müssen. Viel wertvoller als animierte Spiele sind aber die, die Kinder zusammen entwickeln. Einfach machen lassen!

18

Vielen Dank!

ZEIGEN, WAS DAS KIND KANN:
Wir dokumentieren im Portfolio

Warum das Thema für Eltern interessant sein könnte:

Portfolioarbeit macht nur wirklich Sinn, wenn sich die Eltern dafür interessieren und daran beteiligen. Also sollten sie schon zu Beginn ihrer Krippen-Elternzeit erfahren, welche Ziele mit dem Dokumentieren im Portfolio verfolgt werden, auch um diese Tätigkeit nicht als aufwändige Form des Aktenführens misszuverstehen. Vor allem kann ein Vortrag zum Thema Portfolio dazu dienen, Eltern einzuladen, möglichst aktiv an der Portfolioarbeit mitzuwirken.

Darüber hinaus ist der Vortrag aber auch ein gutes Mittel, um das Prinzip einer positiven Verstärkung des Lernens der Kinder zu vermitteln.

Elternfragen, mit denen Sie rechnen sollten:

- Ist es wichtig für uns, über dieses Thema etwas zu erfahren? Oder ist das eher ein Erzieherthema?

- Müssen Sie das mit der Entwicklungsdokumentation machen – oder wollen Sie?

- Lohnt der ganze Aufwand für die Portfolioarbeit?

- Ist ein vertraulicher Umgang mit den Daten des Kindes beim Portfolio abgesichert?

- Kann ich dabei mitmachen?

- Kann ich widersprechen, wenn ich mit Ihrer Einschätzung im Portfolio nicht einverstanden bin?

- Haben Dritte Einblick in das Portfolio, etwa Ämter und Förderausschüsse?

Elternsorgen, die mit dem Thema einhergehen:

Eltern befürchten oft, dass bei modernen Methoden wie der Portfolioarbeit Arbeit und Nutzen nicht im Einklang stehen – und die Betreuung der Kinder darunter leidet.

Eltern können befürchten, dass im Zusammenhang mit der Portfolioarbeit ein Maß an Mitarbeit erwartet wird, was sie nicht leisten können oder wollen.

Einige Eltern befürchten erfahrungsgemäß im Zusammenhang mit der Portfoliomethode, dass zu viel Lob Kindern den Ansporn nimmt, sich fortzuentwickeln.

Darauf können Sie bauen:

Eltern dokumentieren selbst gerne, wie sich ihr Kind entwickelt.

Eltern unterstützen in der Regel eine positive Sicht auf ihr Kind.

Das entstehende Portfolio ist als vollständige Dokumentation der Entwicklung des Kindes für dessen Eltern eine hochinteressante Sammlung.

Die Portfoliomethode macht sichtbar, dass die Einrichtung die Kinder individuell wahrnimmt und fördert, statt „alle über einen Kamm zu scheren".

Viele Eltern haben aus ihrer eigenen Kindheit die verheerende Wirkung von Negativ-Bewertungen in Erinnerungen und lassen sich von der positiv ausgerichteten Methode schnell begeistern.

Mögliche weitere Aktionen zu diesem Thema:

- Alle in der Einrichtung verwendeten Portfolioblätter auslegen

- Ein gefülltes Portfolio eines ehemaligen Kindes oder einem aus der ältesten Gruppe auslegen, sofern die Eltern des Kindes diesem ausdrücklich (schriftlich?) zugestimmt haben

- Gespräch über eigene Erfahrungen mit positiven und negativen Zuschreibungen in der Kindheit beginnen

- Falls in der Einrichtung auch Kindergartenkinder sind: Ein älteres Kind bitten, zu Beginn des Elternabends sein Portfolio vorzustellen

1

Zeigen, was das Kind kann: Wir dokumentieren im Portfolio
Wie jede deutsche Kita sind auch wir verpflichtet, die Entwicklung der uns anvertrauten Kinder individuell zu dokumentieren. Wir verwenden dafür die Portfoliomethode. In diesem Vortrag möchten wir Ihnen vorstellen, was sich hinter dem Namen verbirgt und welches Ziel wir dabei verfolgen.

2

Die Entwicklung des Kindes festhalten – warum?
Ziel der Portfoliomethode ist es, die Geschichte des Lernens eines Kindes festzuhalten. Sie soll diese Entwicklungsgeschichte in einer positiven Form erzählen.
Viele Eltern möchten gerne festhalten, wie sich das Kind fortentwickelt. Nicht, um dann auf irgendeiner Liste abzuhaken, ob alles richtig gelernt wurde. Eher, weil sie diese schöne Geschichte des Lernens in Erinnerung behalten wollen, auch um dem Kind später etwas darüber erzählen zu können.

„Wie war ich als Baby? Was konnte ich schon?"
Kinder lassen sich unheimlich gerne berichten, was sie wann und wie gelernt haben. Für sie ist es faszinierend, dass sie früher ganz einfache Dinge nicht konnten und sich dann so verändert haben.

„Was macht mich aus? Was kann ich gut?"
Kinder lieben es, in Geschichten aus ihrer eigenen Babyzeit etwas darüber zu erfahren, was sie ausmacht, was typisch für sie ist. Über Verhaltensweisen und Bedürfnisse, die sie schon als Baby hatten, erkennen sie sich selbst. Diese Geschichten tragen zum Selbstbild des Kindes bei.

3

Basis für eine glückliche Entwicklung: Ein positives Selbstbild
Halte ich mich selbst für schlau, mutig, fröhlich, oder glaube ich, dass mir im Vergleich zu anderen alles besonders schwer fällt? Für unser gesamtes Leben ist es wichtig, ein positives, optimistisches Bild von sich zu haben.

Stärken betonen, loben
Ein positives Bild von seinen Fähigkeiten erhält man durch viel Lob. Manche Menschen fragen sich, ob man Kinder auch zu viel loben kann, sodass sie sich nicht mehr anstrengen, etwas zu erreichen. Je kleiner aber ein Kind ist, desto mehr braucht es Lob für große und kleine Lernerfolge. Kleinkinder haben eine so starke Eigenmotivation zum Lernen, dass diese durch Loben nicht abgeschwächt werden kann. Erst mit Eintritt der Pubertät ändert sich dieses Verhältnis deutlich.

4

Was Portfolio bedeutet

Ursprünglich eine Sammelmappe der besten Arbeiten
Es ist interessant, dazu den Begriff „Portfolio" genau anzuschauen. Damit bezeichnete man ursprünglich eine Mappe, in der herumreisende Handwerksgesellen oder Künstler Abbildungen der von ihnen geschaffenen Werke sammelten, um sich damit zu bewerben. Kurz gesagt: Eine Mappe, die zeigt, was man kann, indem sie die besten Arbeiten präsentiert. Natürlich war das auch eine Mappe, mit der sich der herumreisende Künstler selbst versichert hat, was er besonders gut kann.

Für uns eine Sammelmappe bedeutender Lernschritte
Auch in der Portfolio-Mappe des Kindes befinden sich Abbildungen davon, was das Kind kann. Aber dabei geht es natürlich fast nie um Kunstwerke, sondern um die ganz alltäglichen Lernschritte: Die macht jeder Mensch durch, und trotzdem sind sie für das Kind wie für uns Menschen in seiner Umgebung ein kleines Wunder.

Wie ein Portfolio aufgebaut ist
Ein Portfolio hat in der Regel einen klaren Grundaufbau mit „Kapiteln" wie ein Buch, schließlich soll in ihm über viele Jahre gesammelt werden, was etwas über die Entwicklung des Kindes aussagt.

Das bin ich, das mag ich: Die Ich-Seiten
Ein Portfolio beginnt meistens mit einer Reihe Seiten, auf denen das Kind etwas über sich selbst erfährt. Auf den sogenannten „Ich-Seiten" halten wir in Fotos und Texten fest, wie sich das Aussehen des Kindes verändert, welche wechselnden Vorlieben und Angewohnheiten es hat.

Wie ich etwas Neues gelernt habe: Die Lernbeweise
Andere Blätter halten fest, dass das Kind etwas Neues gelernt hat. Auf einem solchen „Lernbeweis"-Blatt landen viele kleine und ein paar große Lernschritte: Stehen und gehen können eignet sich genauso dafür dokumentiert zu werden, wie das erste selbstständige Anziehen. Eine Liste, welches Wort das Kind wann erobert hat, gehört in der Krippe natürlich auch in das Portfolio.

Festgehalten in Wort und Bild
Auf den meisten Portfolioblättern kleben wir ein Bild auf, welches das Kind mit seiner neuen Fähigkeit zeigt. Wichtig ist, dass man gut erkennt, was das Kind jetzt neues kann. Ein kurzer Text erzählt, was man nicht sieht: Wie ist das Kind diesen Schritt angegangen, fiel es ihm leicht, was hat ihm geholfen?

6

Was es nicht gibt:

Negativ-Beschreibungen
Das Portfolio ist dazu da, dem Kind ein positives Selbstbild und Zuversicht in Bezug auf kommende Lernschritte zu vermitteln. Deswegen haben Bilder und Berichte, die mehr über seine Schwierigkeiten aussagen, darin nichts zu suchen. Wir verzichten auch darauf, Erwartungen auf kommende Lernschritte zu notieren, wie etwa „Aber du musst jetzt lernen…".

Vergleichslisten
Ebenso verzichten wir auf Listen, die erkennen lassen, wie weit das Kind im Vergleich zum Altersdurchschnitt ist. Natürlich ist es wichtig, Entwicklungsverzögerungen zu erkennen, um ein Kind gezielt fördern zu können. Aber gerade Kinder mit Entwicklungsschwierigkeiten brauchen besondere Wertschätzung ihrer Leistungen ohne Einschränkungen, dass die anderen das längst können.

7

Was bekommt das Kind davon mit?
In der Anfangszeit in der Krippe bekommt das Kind zunächst relativ wenig davon mit, was und wann wir im Portfolio dokumentieren. Erst allmählich werden sie diesen Ordner, der deswegen auch im Gruppenraum aufbewahrt wird, entdecken.

Ein Bilderbuch, das von mir erzählt!
Eher nebenher werden sie erfahren, dass es diesen Ordner mit Bildern von ihnen gibt und ihn sich wie ein Bilderbuch ab und zu zeigen lassen.
Daraus entsteht im letzten Krippenjahr oft ein guter Anlass, sich etwas über sich selbst erzählen zu lassen.

Rückschau ermöglichen: So war ich schon immer – oder nicht?
Die Portfolios sollten das Kind in dessen Kindergartenzeit begleiten und bei der Einschulung der Familie ausgehändigt werden. In der Rückschau wird dabei besonders interessant, wie man sich bei seinen ersten Lernschritten angestellt hat.

8

Was das Portfolio für uns Erzieher bedeutet

Viel Arbeit
Natürlich bedeutet das Führen eines Portfolios für jedes Kind uns Erziehern zunächst mehr Arbeit. Aber diese Arbeit trägt Früchte.

Individueller Einblick, wer wo steht
Durch die Portfolioarbeit wissen wir genauer, wo jedes Kind steht und was es für Unterstützung braucht. Das vereinfacht und verbessert unsere Planung.

Reflexion darüber, wie gut unsere Arbeit wirkt
Wir haben aber auch dadurch mehr Einblick, welche Ergebnisse unsere Arbeit bringt, weil wir damit reflektieren, was sich bei den Kindern tut.

9

Was das Portfolio für Sie als Eltern bedeuten kann

Mehr Einblick: Das erlebt Ihr Kind
Sie als Eltern profitieren in mehrfacher Hinsicht vom Portfolio: Einmal haben Sie dadurch – im Vergleich zu Dokumentationspostern – einen individuelleren Einblick in das, was ihr Kind erlebt. Über die Jahre entsteht ein Album mit Erinnerungen an die Krippenzeit und die frühe Entwicklung ihres Kindes.

Zuversicht: Ihr Kind kann schon ganz viel
Das Portfolio sollte Ihnen Zuversicht geben, dass Ihr Kind ganz schön viel kann.
Vor allem bietet die Portfoliomethode Ihnen neue Möglichkeiten zum Mitmachen: Sie können Ihre Beobachtungen von der Entwicklung Ihres Kindes mit in das Portfolio einfließen lassen.

Gemeinsame Gesprächsbasis – beim Elterngespräch
Beim Elterngespräch können wir zusammen auf Basis des Portfolios ein viel fundierteres und gleichberechtigteres Gespräch über Ihr Kind führen.

10

Lust auf Mitmachen?
Wir haben Ihnen eine Reihe Formblätter für das Portfolio mitgebracht, mit denen wir arbeiten. Sie eignen sich genauso gut dazu, dass Sie als Eltern darauf festhalten, was ihr Kind lernt, wenn wir nicht dabei sind. Nehmen Sie sich einen Stapel mit und bringen Sie ab und zu ein Blatt mit Text und Foto mit: Eine tolle Unterstützung für uns – und ein guter Anlass für ein kleines Gespräch!

KEINE TAGESPHASE IST NUTZLOS:
Lernanlässe in der Krippe

Warum das Thema für Eltern interessant sein könnte:

Manche Eltern denken bei den Aufgaben einer Krippe vor allem an Betreuung, während das Lernen für sie in diesem Alter kaum eine Rolle spielt. Andere Eltern erwarten von Anfang an, dass ihr Kind mit gezielten Angeboten gefördert wird, wobei damit nicht selten unrealistische Erwartungen verbunden sind, etwa das frühzeitige Erwerben von Fremdsprachen oder Wecken von Begabungen. Beiden Elterntypen tut es gut, etwas über die Förderung des Lernens in einer modernen Krippe zu erfahren, bei der Kinder vor allem durch Begleitung des Spiels und das Bereitstellen anregender Materialien gefördert werden. Der Vortrag kann Diskussionen um gewünschte Zusatzkurse für die Kinder ersparen.

Elternfragen, mit denen Sie rechnen sollten:

- Sollte die Krippe das Lernen meines Kindes durch gezielte Angebote unterstützen?
- Sollten wir als Eltern unser Kind zu Kursen anmelden, um es damit gezielt zu fördern?
- Ist es im Kleinkindalter nicht am wichtigsten, mit den Kindern täglich an die frische Luft zu gehen?
- Gibt es pädagogische Begründungen für die Gestaltung bestimmter Tagesphasen?

Elternsorgen, die mit dem Thema einhergehen:

Viele Eltern schätzen zwar das Spiel ihres Kindes, haben aber Sorge, dass ihr Kind den Anforderungen der Zukunft nicht gewachsen ist, wenn es „nur" spielt.

Viele Eltern nehmen das Angebot an Nachmittagskursen interessiert wahr und bedauern, dass die Kita nicht ähnliche Angebote machen kann.

Manche Eltern erleben ihr Kind als weniger interessiert an neuen Herausforderungen – und vermuten dann, dass gerade dieses viele Anreize von außen braucht.

Darauf können Sie bauen:

Eltern erleichtert es zu erfahren, in wie vielen scheinbar alltäglichen Momenten ihr Kind lernt.

Für viele Eltern eröffnet es neue Sichtweisen, wenn sie erfahren, dass scheinbar banale Tagesphasen durch kluge Gestaltung zu wichtigen Lernphasen werden können.

Eltern sind dankbar für Tipps, wie mit geeigneten Spielmaterialien das selbständige Lernen ihres Kindes unterstützt werden kann.

Mögliche weitere Aktionen zu diesem Thema:

- Vorstellen von Lernsituationen im Krippenalltag anhand von Videofilmen

- Vorstellung von besonderen Lernmaterialien, um darüber zu sprechen, welche Lernprozesse diese unterstützen

- Gespräche der Eltern über eigene Beobachtungen von Lernsituationen ihres Kindes in Gang setzen

- Fachbücher für Eltern, die sich weiterbilden wollen, auslegen (z.B. „Forschergeist in Windeln", Gopnik / Meltzoff / Kuhl, Piper 2007)

- Anbieten einer Eltern-Bastel-Runde, in der einfache Lerntabletts, Einsteckdosen und andere Lernmaterialien für die Gruppe und den Hausgebrauch gemeinsam hergestellt werden

1

Lernanlässe in der Krippe: Keine Tagesphase ist nutzlos
In diesem Vortrag möchten wir Ihnen einen kleinen Einblick darüber geben, was Ihr Kind bei uns lernt – und was wir dafür tun, damit es dies besonders gut und gerne macht.

2

Tägliche Elternfragen

Was hast du heute gespielt?
Diese Frage stellen Sie als Eltern häufig, wenn Sie Ihr Kind abholen. Allzu genau sind die Antworten wahrscheinlich nicht: Auch wenn sie schon ein bisschen sprechen können, fällt es kleinen Kindern sehr schwer, mit einfachen Worten die Vielfalt eines Krippen-Tages zusammenfassend zu beschreiben. Vor allem, weil die Kleinen ja innerhalb weniger Minuten ihre Beschäftigung, ihre Spielform oder ihre Spielpartner wechseln.

Was hast du heute gelernt?
Was Kinder wohl antworten würden, wenn wir ihnen diese Frage nachmittags stellen würden? Wahrscheinlich noch weniger als auf die Frage nach dem Spiel, denn das meiste, was sie lernen, bekommen die Kinder nicht bewusst mit. Auch wir Erwachsenen bekommen währenddessen wenig davon mit. Erst mit etwas Abstand merken wir oft, dass Kinder auf einmal etwas können, was sie vorher nicht konnten. Manchmal fragen wir uns dann: Wo hat er denn das gelernt?

3

Beibringen oder von selbst lernen?
Besonders deutlich wird uns das Lernen unserer Kinder, wenn wir ihnen direkt etwas beigebracht haben. Es fühlt sich auch besonders schön an, wenn man sein Wissen und seine Erfahrung weitergeben kann und das Kind motiviert, etwas auszuprobieren.

Aber diese Art des Lernens spielt in den ersten Lebensjahren kaum eine Rolle. Kleinkinder lernen ohnehin aus eigenem Antrieb den ganzen Tag, und deswegen brauchen sie es kaum, dass ihnen jemand etwas bewusst beibringt.

„Das Spiel ist der Weg der Kinder zur Erkenntnis der Welt, in der sie leben!"
Maxim Gorki

Wie lernen kleine Kinder? Maxim Gorki hat es wie viele andere Denker gesagt: Kinder spielen, um damit die Welt um sich herum zu erkennen. Das, was wir Spiel nennen, ist ein Versuch, mit der Welt in Beziehung zu treten und beim Nachmachen und Austesten zu erfahren, wie sie funktioniert.

4

Einfach machen lassen? Unterstützung geben!
Kleine Kinder lernen von selbst, indem sie spielen – da könnte man denken, dass man sich als Erzieherin oder Eltern nicht groß anstrengen muss, weil sowieso alles von selbst passiert. Aber so einfach ist es natürlich nicht, denn wir haben großen Einfluss darauf, wie produktiv das Spiel der Kinder ist: Wir entscheiden schließlich, wie viel Zeit die Kinder zum Spiel haben, welches Material sie benutzen können und wieviel Freiraum sie dabei haben – und wir können sie zusätzlich auf neue Spielideen bringen.

5

Lernsituationen im Tageskreis

Wir möchten Ihnen zeigen, zu welchen Tageszeiten wir das spielerische Lernen der Kinder fördern. Darunter sind Tagesphasen, an die man bei diesem Thema sofort denkt und andere, die einem vielleicht nicht sofort zum Stichwort „Lernen und Spielen" einfallen.

Lernen im Morgenkreis

Der Morgenkreis erinnert vielleicht am ehesten an eine klassische Lernsituation, weil wir alle zusammensitzen und uns einer gemeinsamen Aktivität widmen, zum Beispiel dem Kennenlernen eines Liedes mit dem damit verbundenen Bewegungsablauf. Darüber hinaus ist der Kreis natürlich ein wichtiger Moment, um miteinander zu reden und so die Sprachkompetenzen zu fördern.

Lernen im Spiel

Das gemeinsame Spiel ist eine besonders wichtige Lernsituation, weil sich die Kinder hier zusammen die Welt erschließen. Erziehungswissenschaftler sprechen von „Ko-Konstruktion". Damit ist gemeint, dass die Kinder gemeinsam eine Vorstellung von den Dingen auf der Welt entwickeln. Die Themen, die Kinder im Spiel untersuchen, sind so vielfältig wie die Formen von Spielen: In Rollenspielen lernen Kinder viel darüber, warum sich Menschen auf eine bestimmte Art verhalten. Beim Bauen erfahren sie viel über Statik und die Welt der Formen. Bei bewegten Spielen erproben und erweitern sie ihre motorischen Fähigkeiten.

Lernen draußen

Wieviel man im Spiel lernen kann, hängt von der Qualität des Spielmaterials ab. In der Einrichtung sind das die Dinge, die wir bereitlegen. Wenn wir mit den Kindern nach draußen gehen, wird alles, was es gibt, zum Spiel- und Anregungsmaterial. Die freie Bewegung in Park, Wald oder auf dem Spielplatz kommt der Entwicklung der Motorik der Kinder zugute, gerade bei so wichtigen Fähigkeiten wie dem Klettern. Vor allem sammeln die Kinder viele Eindrücke, wenn sie andere Menschen erleben, den Straßenverkehr, Transportmittel und Läden.

Lernen beim Essen

Als Lernsituation wird das gemeinsame Essen oft unterschätzt. Hier gibt es schließlich eine Menge zu erfahren: Das Kind kann die verschiedenen Geschmäcker untersuchen. Es kann beim Eingießen, Auftun und Benutzen des Bestecks seine Feinmotorik schulen. Wenn wir zusammen am Tisch sitzen, ist Zeit für erste gemeinsame Gespräche über das, was wir erlebt haben – diese Rückschau hilft Kindern, Erlebtes zu sortieren und zu verstehen. Dies alles ermöglichen wir, indem wir Zeit fürs Essen einplanen, mit am Tisch sitzen und statt strenger Tischregeln die Kinder ausprobieren lassen.

Lernen beim Selbermachen
Momente, in denen das Kind Zeit hat, Tätigkeiten auszuprobieren, die wir sonst für es erledigen, wie zum Beispiel Anziehen oder das Vorbereiten von Ruhe- und Essphasen, sind Wichtige Lernsituationen. Manche Aufgaben, wie das Zuziehen von Reißverschlüssen oder das Schließen von Knöpfen, sind feinmotorisch hochinteressant, andere wie das Tischdecken kognitiv, weil man dabei überlegen muss, wie viele Teller man für alle decken muss. Solche Momente sind auch deswegen kostbar, weil die Kinder eine hohe Motivation haben, durch das Selbermachen unter Beweis zu stellen, wie gut sie schon für sich selbst sorgen können. Deswegen nehmen wir uns Zeit für das Selbermachen, auch wenn es viel schneller ginge, wenn wir den Kindern diese Aufgaben abnähmen.

Lernen in Angeboten
Obwohl also in verschiedenen Tagesphasen viel gelernt werden kann, verzichten wir nicht ganz auf besondere „Angebote". Das sind aber natürlich keine genau vorbereiteten Aktionen, bei denen jedes Kind genau das machen muss, was wir uns ausgedacht haben, sondern ebenfalls Aktionen mit offenem und spielerischem Charakter.

Als besonderes Angebot ermöglichen wir den Kindern Erfahrungen, die den normalen Rahmen im Freispiel sprengen würden. Das können zum Beispiel Malaktionen, gemeinsames Musizieren oder der Bau einer Bewegungsbaustelle sein. Aber auch diese Angebote nehmen die Kinder zu Recht als Einladung zum Spiel wahr. Wenn wir ihnen Farbe anbieten, gehen sie damit spielerisch um, wie es ihrem Alter entspricht.

6

Lernmaterialien
Wir haben jetzt oft angedeutet, dass die Qualität des Spielmaterials entscheidend dafür ist, was die Kinder beim Spiel lernen. Ihnen ist sicher aufgefallen, dass wir in der Einrichtung neben Dingen, die sich wohl auch in den Kinderzimmern Ihrer Kinder finden, auch ein paar ungewöhnlichere Materialien finden. Wir möchten Ihnen diese didaktischen Materialien gerne vorstellen:

Lerntabletts

Wir bieten manche Spielmaterialien wie etwa eine Einsteckdose und die Steck-Teile dazu auf einem eingeteilten Tablett an. Eigentlich ist das eine weiterentwickelte Idee der großen Pädagogin Maria Montessori. Das Tablett hilft dem Kind zu erkennen, dass diese Dinge zu einem Spiel zusammen gehören, und deswegen fangen Kinder bei den Dingen auf dem Tablett ganz automatisch an, sich auf die damit verbundene Aufgabe einzulassen.

Aktionswannen

Auch die Aktionswannen, in denen wir manchmal ganz viele Kastanien, dann vielleicht wieder Sand oder Federn anbieten, geben den Kindern einen Rahmen, um sich auf ein Material einzulassen. Als Wanne richtet sich das Angebot dabei an den ganzen Körper des Kindes. Die Kinder lieben es, sich dort hineinzusetzen und vom Material umgeben zu sein – oder auch die Wanne als Materialdepot zu nutzen.

Weitere Beispiele für typische Krippenspielzeuge

(je nach vorhandenen Spielzeugangeboten!)

7

Was ist mit speziellen Kursen, die Begabungen fördern?

Kleinkinder lernen am besten in vertrauter Umgebung, in vertrauten Räumen zusammen mit vertrauten Kindern und Erwachsenen. Außerdem brauchen sie den Freiraum, sich ihr Spielthema selbst zu suchen und schnell wieder wechseln zu können. All das lässt sich im Kurs schlecht umsetzen.

Als Eltern schätzen Sie vielleicht an Kursen, dass dort Kleinkinder für bestimmte Dinge und Tätigkeiten interessiert werden (Musik, Ballett etc.). Das sollte jedoch besser im vertrauten Rahmen passieren, indem wir es mit ihnen zusammen machen. Wenn Sie oder wir Ballett oder Musik mit ihnen machen, bringt das viel mehr, obwohl sich unser Niveau mit dem eines Profi-Anbieters bestimmt nicht messen kann!

8

Für Eltern wichtig: Der Tagesrückblick
Am Anfang haben wir gesagt, dass Kinder den ganzen Tag unheimlich viele Dinge lernen, aber man merkt es eben währenddessen nicht. Um das Lernen trotzdem mitverfolgen zu können und ein gutes Gefühl dafür zu bekommen, was die Entwicklung des Kindes betrifft, ist es sinnvoll, die Entwicklung jedes Kindes regelmäßig zu dokumentieren. Wir arbeiten dabei mit Fotos und Texten, die wir im Portfolio festhalten oder auf Postern, die wir für Sie als Tagesrückblick aushängen. Auf diese Weise wird uns, Ihnen und später auch dem Kind sichtbar, dass die ersten Jahre in der Krippe oder Kita eine Zeit voller Lernerfolge sind, auch wenn man das kaum sieht.

Manchmal gelingt es, auf den Fotos den konzentrierten Gesichtsausdruck vieler Kinder festzuhalten, den sie immer dann haben, wenn sie sich besonders intensiv mit etwas beschäftigen.

9

„Spiel ist nicht Spielerei, es hat hohen Ernst und tiefe Bedeutung."
Friedrich Fröbel

Der konzentrierte Gesichtsausdruck spielender Kinder zeigt, was Friedrich Fröbel vor 200 Jahren mit diesem Satz sagen wollte: Wenn wir das Lernen der Kinder fördern wollen, müssen wir sie als Spielende ernst nehmen.

Experimente mit der Umwelt:
Die Spielschemen von Kleinkindern

Warum das Thema für Eltern interessant sein könnte:

Dinge werfen, Schränke ausräumen, mit Wasser planschen: Viele spielerische Tätigkeiten von Kleinkindern nehmen Eltern in der Regel eher als Herausforderung an die eigene Geduld wahr. Für sie kann es eine Offenbarung sein, im Vortrag zu erfahren, welchen Wert all diese Aktivitäten für die Entwicklung ihres Kindes haben und welchen Einblick in seine innere Welt die Wahl der gerade bevorzugten Spielschemen gibt. Vor allem hilft dieser Vortrag, besser zu verstehen, auf welche Weise Kinder in der Krippe anhand ihrer individuellen Bedürfnisse und Entwicklungsstände gefördert werden können, ohne sie mit unpassenden Lernangeboten zu traktieren.

Elternfragen, mit denen Sie rechnen sollten:

- Mein Kind spielt kaum konzentriert zuhause, sondern verwüstet eher das Zimmer. Was tun?

- Mein Kind beschäftigt sich ausdauernd mit wenigen, immer wiederholten Aktivitäten. Müsste ich es zu anderen Aktivitäten motivieren? Sollte die Krippe nicht stärker die Kinder mit bestimmten Angeboten für neue Aktivitäten motivieren?

- Viele Spielzeuge interessieren mein Kind nicht. Welche Dinge soll ich ihm stattdessen zum Spielen anbieten?

Elternsorgen, die mit dem Thema einhergehen:

- Ist es nicht Laissez-faire-Erziehung, wenn ich mein Kind das machen lasse, was ihm in den Sinn kommt?

- Muss ich jetzt zuhause jede Unordnung respektieren, damit ich das wertvolle Lernverhalten meines Kindes nicht behindere?

- Ist es nicht viel zu gefährlich, das Kind seine „Untersuchungen" machen zu lassen, statt es zu sinnvollen Angeboten einzuladen?

- Ist es nicht wichtig, ihm zu zeigen, wozu die Dinge, mit denen es ungezielt spielt, wirklich da sind?

Darauf können Sie bauen:

- Eltern sind erleichtert, wenn sie erfahren, dass bestimmte Momente des Eingreifens in das Tun des Kindes überhaupt nicht nötig sind.

- Eltern lieben es, Einblick in das Denken und Tun des Kindes zu bekommen. Die leicht verständliche Theorie der „elementaren Spielhandlungen" hilft dabei.

- Eltern sind dankbar dafür, viele Ideen für unkomplizierte Spiele mit ihren Kindern zu erhalten.

Mögliche weitere Aktionen zu diesem Thema:

- Vorstellen typischer elementarer Spielhandlungen in Form von Videofilmen aus dem Alltag

- Einbringen lassen von Beobachtungen der Eltern: Welche amüsanten Erlebnisse über Spielhandlungen des Kindes haben Sie?

- Erinnern an eigene Spiel-Erfahrungen als Erwachsene: Warum pulen wir an Flaschenetiketten, teilen Doppelkekse vor dem Essen, klickern mit Kugelschreibern oder spielen Zielwerfen am Mülleimer?

- Vorstellung von passenden Spielmaterialien zu bestimmten, besonders typischen Spielschemen

- Gespräch anstiften zu der Frage, welche typischen Spiele man zuhause normalerweise verbietet – und was man anstatt dessen tun könnte, um sie dem Kind zu ermöglichen.

- Vorstellen einiger „Lieblingsspiele" in kleinen Filmen / Fotoserien.

- Herstellen eines Dokuposters „Derzeit beliebte Spielschemen"

1

Experimente mit der Umwelt: Die Spielschemen von Kleinkindern
Kleine Kinder machen mitunter lustige Dinge, oder? Sie als Eltern und wir als Erzieherinnen können von dem, was kleine Kinder so tun, eine Menge Geschichten erzählen oder lustige Bilder zeigen. Manchmal stöhnt man natürlich auch innerlich, wenn man die dabei entstehende Unordnung wieder zurückräumen muss.

Warum machen die Kinder all diese seltsamen Dinge, werfen absichtlich Sachen zu Boden, verstecken etwas, kleben Dinge aneinander oder rollen Bilder zusammen? Früher hätte man gedacht, dass sie einfach noch nicht wissen, wozu die Dinge da sind und wie man sie richtig behandelt, und deswegen machen sie eben Unsinn damit.

Inzwischen wissen wir, das fast alle Tätigkeiten kleiner Kinder dem Lernen dienen und damit dem Ziel zu entdecken, wie die Welt funktioniert.

2

Das Konzept der „Elementaren Spielhandlungen"
Erziehungswissenschaftler, die das Spiel der Kleinkinder untersuchten, haben festgestellt, dass es eine große Zahl von typischen Spielhandlungen gibt, die Kinder überall auf der Welt eine Zeit lang spielen. Sie haben – zusammen mit Pädagogen aus der Praxis – auch gemerkt, dass man all diese Spiele bestimmten Oberthemen zuordnen kann, je nachdem welche Gesetzmäßigkeit damit untersucht wird. So gibt es zum Beispiel viele verschiedene Tätigkeiten, mit denen Kinder Stabilität untersuchen, etwa beim Bauen mit Bausteinen oder Sand, beim Stehen und beim gegenseitigen Festhalten.

Für das Konzept der „Elementaren Spielhandlungen" haben sie die verschiedenen Tätigkeiten bestimmten Spielschemen zugeordnet. Einige der wichtigsten Spielschemen möchte ich Ihnen gerne vorstellen. Bestimmt entdecken Sie darin Tätigkeiten wieder, die ihr Kind liebt.

3

Das Verstecken
Eines der frühesten Spielschemen ist das Verstecken. Eines der ersten Spiele Ihres Kindes war wahrscheinlich das Kuckuck-Spiel, bei dem ihr Kind sich kurz das Gesicht bedeckt hat und dann wieder fröhlich aufgetaucht ist. Bei diesem und anderen Formen des Versteck-Spiels geht es immer um die Frage, ob Dinge, die man nicht sieht, wirklich weg sind. Der Fachmensch spricht hier von der „Objektpermanenz", die kleine Kinder erst einmal verstehen müssen. Ein typisches Beispiel dieser Spiele ist das „Umräumen" irgendwelcher Dinge in falsche Schränke, das sie bestimmt kennen, oder das klassische Versteckspiel, das Ihr Kind noch lange begeistern wird.

4

Der Fall
Die Schwerkraft ist für kleine Kinder wahrscheinlich eine der eindrucksvollsten Kräfte auf dieser Erde und deswegen untersuchen sie diese sehr ausgiebig. Zum Beispiel, indem sie Sachen fallen lassen oder werfen, Steine stapeln bis sie umfallen oder stundenlang im Bad den Wasserstrahl untersuchen. Weil die Kinder den Fall so interessant finden, fasziniert sie auch alles, was fliegen kann, zum Beispiel Helium-Ballons, Flugtiere oder Seifenblasen.

5

Das Verbinden und Trennen
Man kann viele Dinge in Teile zerlegen oder aus Teilen zusammensetzen. Auch diese Sache untersuchen Kleinkinder ausgiebig, indem sie einzelne Dinge mit Kleber zusammenbringen. Steckdosen finden sie wahrscheinlich deswegen so interessant, weil sie wissen, dass man da mit dem Stecker eine feste Verbindung herstellen kann. Genauso interessiert sie, wie man Sachen auseinandernehmen kann, was wir zu unserem Leidwesen nicht nur an Duplo-Stein-Bauwerken sehen, sondern auch an Buchrücken oder abgepopelten Tapeten.

6

Das Transportieren
Alle Kinder begeistern sich für irgendwelche Transportmittel, seien es solche mit Rädern, wie Bobby-Car, Puppenbuggy und Holzauto, oder Taschen und Körbe. Wir erleben immer wieder, wie sie sich abmühen, riesige Materialmengen durch den Raum zu schieben und zu zerren. Dabei fasziniert sie wohl die Veränderung des Raumes durch den Einsatz ihrer eigenen Kraft.

7

Kreisbewegungen untersuchen
Bestimmte Grundformen haben es Kleinkindern ebenfalls als Untersuchungsthema angetan, vor allem natürlich der Kreis. Sie drehen sich um die eigene Achse oder lassen sich auf der Schaukel eindrehen, um die Zentrifugalkraft zu erleben. Kreisbewegungen kann man auch erfahren, wenn man einen Kreisel beobachtet oder Bilder voller Kringel malt.

8

Weitere bekannte Spielschemen
Es gibt neben diesen Beispielen noch eine Menge anderer Spielschemen zu entdecken, zum Beispiel das Erzeugen von Klängen, das Ordnen von Gegenständen nach Farben, Größen und Formen oder das „Umzäunen", bei dem Kinder Höhlen bauen oder auf dem Boden um ihren Spielplatz einen Rand aus Bausteinen bauen...

9

Wie fördern?
Wenn man sich erst einmal mit dem Konzept der elementaren Spielhandlungen beschäfig hat, erkennt man diese im Tun der Kinder immer wieder. Das hat den Vorteil, dass man nun auch erkennt, welches Spielschema für die Kinder gerade besonders wichtig ist. Wenn wir wissen, um welche Fragen es den Kindern gerade geht, können wir ihr Interesse natürlich auch fördern, damit es nicht bei den einfachsten, irgendwann langweilig werdenden Untersuchungen bleibt.

Dazu brauchen die Kinder von uns:

Passendes Material
Je nachdem, womit sich die Kinder gerade beschäftigen, verändern wir unser Spielzeugangebot. Ist Verbinden interessant, wird der Buddelsand zum „Kuchenbacken" gebraucht, wenn es um die Untersuchung des Falls geht, benötigen wir Bälle, Wasser und Rieselflachen.

Spielideen und Angebote
Auch unsere Spielideen und Angebote passen wir möglichst auf die gerade interessanten Spielschemen an. Beim Thema „Fall" kommt ein Seifenblasenprojekt gut an, und wenn Verbinden wichtig ist, mögen die Kinder gerne Ringelreihe-Spiele.

Gelassenheit
Kennt man das aktuelle Lieblingsspielschema, fällt es leichter, die dadurch entstehende Unordnung oder den Lärm zu akzeptieren. Wenn die Kinder nun einmal jetzt die Untersuchung des Klangs der Dinge interessant finden, hilft es wenig, alle Gegenstände, auf denen man herumtrommeln kann, wegzuräumen.

10

Ein Zitat eines großen erwachsenen Forschers zum Schluss:

„Das Spiel ist die höchste Form der Forschung."
Albert Einstein

Sprache lernt man spielend:
Die Sprachentwicklung im Kleinkindalter fördern

Warum das Thema für Eltern interessant sein könnte:

Aufmerksamer als andere Bereiche der kindlichen Entwicklung verfolgen viele Eltern die Sprachentwicklung ihres Kindes. Das hängt wohl mit dem Gefühl vieler Eltern zusammen, man lerne sein Kind erst richtig kennen, wenn man mit ihm sprechen kann. Entsprechend warten viele Eltern ungeduldig auf das Fortschreiten der Sprachfähigkeit ihres Kindes, denken wohl auch oft über Fördermaßnahmen nach, die diese Entwicklung beschleunigen könnten.

Dass ein unzureichender Spracherwerb zu schulischen Problemen führt, ist hinlänglich bekannt. Schon deshalb verfolgen Eltern das Thema Sprachentwicklung oft mit Sorge.

Elternfragen, mit denen Sie rechnen sollten:

- Muss ich mein Kind korrigieren?
- Was kann ich tun, um mein Kind in der Sprache zu fördern?
- Was bietet die Krippe an, um die Kinder zu fördern – Sprachtraining?
- Schadet es, wenn einzelne Kinder in der Gruppe nicht oder gar falsch sprechen?
- Ist es sinnvoll, von Anfang an eine Zweitsprache lernen oder erleben zu lassen?
- Muss man Sprache einzeln trainieren?

Elternsorgen, die mit dem Thema einhergehen:

Eltern von Kindern, deren Sprache sich langsamer als die anderer Kinder entwickelt, sehen dahinter oft ein Symptom für eine generelle Entwicklungsverzögerung.

In Einrichtungen mit hohem Migrationsanteil befürchten viele Eltern, dass ihr Kind eine vergleichsweise schlechte Sprachentwicklung durchmachen könnte, weil der sprachliche Austausch geringer zu sein scheint.

Darauf können Sie bauen:

Eltern fasziniert es, die Sprachentwicklung ihres Kindes zu verfolgen, die sichtbarer als viele andere Formen der Entwicklung verläuft. Entsprechend sind sie für fachlichen Rat sehr dankbar.

Eltern beruhigt es, leicht umsetzbaren Rat über eigene Möglichkeiten zur Sprachförderung ihres Kindes zu erhalten.

Mögliche weitere Aktionen zu diesem Thema:

Vorspielen von Tonaufnahmen, die während des Morgenkreises oder anderer Gesprächssituationen entstanden sind

Gegenseitiges Vorstellen von „Kindermund"-Äußerungen

Auslegen von Fachbüchern für Eltern, die sich weiterbilden wollen

Anbieten einer Einzelsprechzeit für Eltern, die bei ihrem Kind Sprachprobleme vermuten, eventuell auch zusammen mit einer Sprachtherapeutin

Einen Nachmittagstermin anbieten, in dem das Vorlesen und Inszenieren von Kinderbüchern oder das Puppenspiel gemeinsam geübt werden

1

Sprache lernt man spielend: Die Sprachentwicklung im Kleinkindalter fördern
In diesem Vortrag möchten wir Ihnen vermitteln, was wir in der Krippe tun, um die Sprachentwicklung der Kinder zu fördern. Wir möchten vorstellen, was sich in der Zeit bei uns in puncto Sprachentwicklung bei den Kindern tut. Aus unserer Praxis geben wir einige Ratschläge, wie Sie die Sprachentwicklung Ihres Kindes unterstützen können.

Sprache entwickelt sich nicht isoliert. Die Sprachentwicklung steht im engen Zusammenhang mit der Entwicklung des Kindes auf anderen Gebieten, etwa mit der emotionalen Entwicklung, der Wahrnehmung und der motorischen Entwicklung.

2

Wann kann ein Kind was sprechen? Phasen der Sprachentwicklung – das erste Jahr:
Wir möchten Ihnen einen kurzen Abriss über die Sprachentwicklung von Kindern geben. Die Altersangaben dürfen Sie als ungefähre Richtschnur verstehen, gerade bei der Sprachentwicklung sind Abweichungen ganz normal.

Trainierte Ohren, Lippen, Gaumen: Vor der Geburt
Schon lange abgeschlossen sind bei allen Kindern in der Krippe die ersten Schritte der Sprachentwicklung: Bereits im Mutterleib trainiert das Kind Lippen, Zunge und Gaumen beim Lutschen und Verschlucken von Fruchtwasser. Und es übt sich bereits beim Hören der Geräusche, die von außen in den Bauch der Mutter dringen.

Schreien, Lallen, Kontakt aufnehmen: Das erste halbe Jahr
Mit dem ersten Schrei nach der Geburt beginnt die sichtbare Sprachentwicklung des Kindes. In den ersten Lebensmonaten, in der sogenannten ersten Lallphase, probiert das Kind dann aus, welche Geräusche es erzeugen kann und auch, wie die Umwelt darauf reagiert.

Gezielte Lautbildung, erste Gebärden und wachsendes Verständnis: Das zweite halbe Jahr
In der zweiten Hälfte des ersten Lebensjahres beginnen Kinder, gezielt bestimmte Laute auszuprobieren und erste Gebärden zu bilden. Bestimmte Worte, die wir an das Kind richten, kann es schon klar verstehen. Und gegen Ende des ersten Lebensjahres verbinden die meisten Kinder Lautkombinationen mit Dingen, etwa indem sie Hunde mit „Wauwau" bezeichnen können.

3

Wann kann ein Kind was sprechen? Phasen der Sprachentwicklung – das zweite Jahr:

Die Dinge bekommen Namen: Das dritte halbe Jahr
Bei vielen Kindern setzt zu Beginn des zweiten Lebensjahres die Fähigkeit ein, Einwortsätze zu bilden. Etwa 10 – 20 Wörter verwenden die meisten Kinder im dritten Lebenshalbjahr.

Mit zwei oder drei Worten Wünsche äußern können: Gegen Ende des zweiten Lebensjahres
Mit eineinhalb bis zwei Jahren sprechen Kinder oft schon in Zwei- und Dreiwortsätzen. Ihr Wortschatz erweitert sich auf bis zu 50 Wörter. Es kann jetzt seine Wünsche sprachlich sehr gut deutlich machen.

Erste Gespräche mit Frage und Antwort: Das dritte Lebensjahr
Warum-Fragen, Pronomen und Verben kommen meist im dritten Lebensjahr dazu. Jetzt kommunizieren die Kinder auch länger untereinander, ihre Spiele sind immer mehr von gesprochener Sprache geprägt. Erst nach den „Krippenjahren" lernen es die meisten Kinder, die schwierigsten Konsonanten unserer Sprache auszusprechen, etwa das „R", das „K", schwierige Verbindungen wie „Kw" und „Kn" oder auch ein nicht gelispeltes „S". Und erst mit über vier Jahren beginnt sich normalerweise die Grammatik an unsere Sprachnormen anzupassen.

4

Muss man überhaupt etwas für die Entwicklung der Sprache tun?
Grundsätzlich ist es mit der Sprachentwicklung ähnlich wie bei anderen Grundfähigkeiten des Menschen: Jedes Kleinkind trainiert von sich aus seine Sprachfähigkeit, man muss es nicht dazu motivieren, Sprechen lernen zu wollen. Aber wie bei allen anderen Grundfertigkeiten kann man das Kind darin unterstützen, indem man einen fördernden Rahmen für die Sprachentwicklung schafft. Das ist besonders wichtig, weil nicht alle Kinder gleiche Voraussetzungen für eine erfolgreiche Sprachentwicklung haben. Kinder mit anderssprachigen Elternhäusern oder Behinderungen, die sich auf die Sprache auswirken, brauchen Unterstützung, um mit anderen mithalten zu können.

Es ist unnötig, die Kinder unter Leistungsdruck zu setzen. Wenn wir aber ein Klima schaffen, in dem sich die Sprache der Kinder von selbst besser entwickelt, haben sie die Chance, schneller mitreden zu können und früher miteinander in Austausch zu treten.

Was tut die Krippe, um die Sprachentwicklung der Kinder zu fördern?

Um die Sprachentwicklung zu unterstützen, machen wir natürlich keine gezielten Sprachkurse. Unsere wichtigste Aufgabe ist es eher, darauf zu achten, dass in der Krippe das Sprechen miteinander den Alltag prägt, und dass Kinder von Anfang an auf ihre Weise zu Wort kommen. Ein paar konkrete Beispiele, wo überall im Alltag Sprachförderung unsere Arbeit prägt, möchten wir ihnen nennen:

Erzählen, was man gerade tut

Es ist Ihnen bestimmt schon aufgefallen, dass wir Erzieherinnen oft verbal begleiten, was wir gerade tun. Das mag für Erwachsene albern aussehen, ist aber für Kleinkinder hervorragend, weil sie dabei die Verbindung aus dem Tun und der Benennung erleben.

Geschichten erzählen…

Vorlesen ist ein hervorragendes Mittel, um die Sprechfähigkeit der Kinder fortzuentwickeln. Dabei reicht es für kleine Kinder kaum, eine Geschichte ein- oder zweimal zu hören. Immer wieder wollen sie eine Geschichte hören, um dabei Stück für Stück mehr zu verstehen, worum es geht. Sie brauchen das wiederholte Vorlesen auch, um sich Sprachmuster anzueignen, wie zum Beispiel „Es war einmal…" oder andere wiederkehrende Sätze.

…und erleben lassen

Besonders gut ist es, wenn Kinder ihre Geschichten wie eine Vorführung erleben können, weil sie dann gleichzeitig sehen und hören, was geschieht. Dafür arbeiten wir mit Geschichtensäckchen, Fingerpuppen oder Spielzeugfiguren, mit denen wir beim Erzählen die Geschichte nachspielen.

Gemeinsam singen und tanzen

Singen und Tanzen ist nicht nur für die musikalisch-rhythmische Entwicklung wichtig. Auch die Sprache wird gefördert, weil man beim Singen einfacher Lieder immer wieder grundlegende sprachliche Muster umsetzt. Mit den Bewegungen setzt man dazu den Inhalt um – und versteht den Zusammenhang immer besser.
Gereimte Liedzeilen erzeugen sogar ein erstes Gefühl für den Aufbau der Sprache. (Vorstellen, welche Lieder gerade Thema sind)

Miteinander ins Gespräch kommen

Für kleine Kinder, die von sich aus nicht so einfach mit dem Erzählen beginnen, sind Situationen besonders wichtig, in denen das Erzählen und Zuhören üblich sind; das können der Morgenkreis oder gemeinsame Mahlzeiten sein. Diese müssen wir so gestalten, dass genug Ruhe und Zeit ist, miteinander einfache Gespräche zu führen. (Beispiele benennen, etwa gemeinsames Sitzen am Esstisch, ein Gesprächsritual beim Morgenkreis etc.)

Über Fotos der Kinder sprechen
Ein besonders guter Anlass zum Sprechen sind Dinge, die etwas mit dem Leben der Kinder innerhalb und außerhalb der Krippe zu tun haben. Fotos eignen sich dafür besonders gut. Auf diese Weise fördern wir die Sprache der Kinder, wenn wir mit ihnen das Ich-Buch anschauen, ins Portfolio blicken oder gemeinsam Fotos vom letzten Ausflug betrachten.

6

Was können Eltern tun, um die Sprachentwicklung der Kinder zu fördern?
Grundsätzlich raten wir Ihnen als Eltern, sehr viel mit Ihrem Kind zu sprechen. Die beste Unterstützung sind Sie für Ihr Kind, wenn Sie es von Anfang an als „Gesprächspartner" ernst nehmen. Zeigen Sie Ihrem Kind, dass Sie seinen Äußerungen zuhören, indem Sie Laute und Gesten aufgreifen und darauf antworten. Folgende Unterstützungsformen helfen Ihrem Kind:

Deutlich und akzentuiert sprechen
Die Vorstellung, man müsse mit Kleinkindern „Babysprache" sprechen, ist überholt, denn schon ganz junge Kinder verstehen komplizierte Sprachstrukturen gut, die sie noch lange nicht sprechen können. Günstig ist es aber, wenn Sie deutlich mit Ihrem Kind sprechen. Und es ist bewiesen, dass es gut ist, die Worte mimisch deutlich zu begleiten, also ruhig mit einem entsprechenden Gesichtsausdruck das zu unterstreichen, was sie gerade sagen.

Elegant korrigieren
Viele Eltern fragen, ob man die vielen falschen Wörter des Kindes korrigieren muss, damit sich nicht etwas falsch einprägt. Fachleute sagen, dass man niemals dem Kleinkind vermitteln soll, dass es einen Fehler beim Sprechen gemacht hat, denn sonst fühlt es sich mit dem, was es gesagt hat, nicht ernstgenommen. Korrigieren sollten Sie nur, indem sie das Gesagte unauffällig richtig nachsprechen: Wenn Ihr Kind sagt: „Ich habe viel getrinkt", antworten Sie: „Aha, du hast ganz viel getrunken?"

Nicht zu viel berieseln
Damit Ihr Kind immer besser sprechen lernt, braucht es Sie als Gegenüber – zum Beispiel, indem Sie vorlesen und sich über das Vorgelesene unterhalten. Auch bei Märchenhörspielen oder Fil-

men erleben die Kinder Sprache, aber weil sie dabei nur als Zuhörer gefragt sind, entwickelt sich dabei die aktive Sprachfähigkeit kaum.

Fragen stellen, die man gut beantworten kann

Natürlich ist es richtig, wenn Sie Ihrem Kind viele Fragen stellen, um Gespräche in Gang zu bekommen – zum Beispiel darüber, was das Kind heute in der Kita erlebt hat. Dabei ist es aber ratsam, keine zu offenen Fragen zu stellen, denn so umfassende Antworten, wie auf die Frage „Was hast Du heute alles erlebt?", können Kleinkinder kaum geben. Bereiten Sie sich also für Ihre Fragen ein wenig vor, um gezielt nach Erlebnissen fragen zu können: „Ich habe gesehen, ihr wart heute auf dem Spielplatz! Hast du wieder geschaukelt?"

7

Vielen Dank!

SCHÜTZEN UND ETWAS ZUTRAUEN:
Wie wir für Sicherheit sorgen

Warum das Thema für Eltern interessant sein könnte:

Das Thema Sicherheit spielt in der Krippe eine große Rolle, denn schließlich wollen Eltern ihr Kind gut behütet und vor Gefahren geschützt wissen. Aber bedeutet Aufsichtspflicht, dass die Erzieherinnen alle Handlungen der Kinder ständig überwachen? Und kann man überhaupt jegliches Risiko vermeiden? Auch wenn es manche Eltern mit ihrer Sorge übertreiben, sorgen wir für ein gutes Gefühl durch gute Beobachtung, sichere Räume und klare Regeln.

Elternfragen, mit denen Sie rechnen sollten:

- Ist sichergestellt, dass kein Kind aus der Einrichtung oder dem Außenbereich ausbüxen kann?

- Wer haftet, wenn ein Kind etwas zerstört oder ein anderes verletzt – die Erzieherin?

- Ist die Einrichtung wirklich kindersicher – oder gibt es im Vergleich zu daheim nicht viele Gefahrenquellen?

- Was passiert, wenn die Erzieherin für einen Moment den Raum verlassen muss?

- Mit Kleinteilen sollen Kinder nicht spielen, warum bieten die Erzieher den Kindern dann Kastanien zum Spielen an?

Elternsorgen, die mit dem Thema einhergehen

Manche Eltern halten bestimmte, oft junge Erzieherinnen für zu unerfahren, um umsichtig auf die Kinder aufzupassen.

Eltern besonders lebhafter Kinder befürchten, dass die Erzieherinnen in ähnlich schwierige Situationen mit ihrem Kind geraten, wie sie es selbst schon erlebt haben.

Eltern von Kindern, die häufig beißen und kratzen, befürchten eine Ausgrenzung ihres Kindes. Andere Eltern in der Gruppe befürchten wiederholte Verletzungen ihres Kindes durch das beißende Kind.

Gerade in Ausflügen mit der Gruppe sehen manche Eltern, die nur sporadisch Erfahrungen mit mehreren Kindern machen, ein großes Risiko.

Darauf können Sie bauen:

Es entlastet Eltern, wenn sie erfahren, wie in der Kita durch systematische Planung eine Beaufsichtigung gewährleistet wird.

Es entlastet Eltern, wenn sie erfahren, wie die vielen Sicherheitsauflagen in der Kita – die sie vielleicht bisher eher als Belastung erfahren haben – für eine Minimierung der Gefährdung sorgen.

Es entlastet Eltern, wenn Sie ihnen tatsächliche Unfallzahlen Ihrer Einrichtung vorlegen – die sicher gering sind!

Eltern, die im Alltag der Einrichtung und bei Ausflügen hospitieren durften, erfahren in aller Regel, wie sicher dieser abläuft. Es beruhigt andere Eltern, wenn sie davon erzählen.

Mögliche weitere Aktionen zu diesem Thema:

Gemeinsame Begehung der Räume, um dabei auf Stellen mit Gefahrenpotential und die entsprechenden Schutzmaßnahmen hinzuweisen

Anbieten von Hospitations- und Unterstützungsmöglichkeiten während besonderer Aktionen wie Ausflügen, bei denen Eltern eventuell Sicherheitsbedenken haben

Auslegen von Broschüren zum Thema „Kindersicherheit" von der örtlichen Unfallkasse

In Gang bringen eines Gesprächs zum Thema Unfallschutz zuhause

Vorführen von Videofilmsequenzen, in denen Kinder (tragbare) Risiken eingehen und Mut beweisen – etwa beim Klettern

1

Schützen und etwas zutrauen: Wie wir für Sicherheit sorgen
Ist es bei uns sicher? Haben Sie sich diese Frage schon gestellt? Es ist Ihr gutes Recht, von uns zu erfahren, wie wir in der Krippe Unfälle und Erkrankungen Ihres Kindes vermeiden. In diesem Vortrag möchten wir vorstellen, was wir dafür tun – und wie die Rechtslage dazu aussieht.

2

Ohne Risiko lebt es sich gefährlich!
Klingt komisch, oder? Aber wir möchten gerne eines erklären, bevor wir gleich über Gefahren in der Krippe sprechen:

Unser Ziel ist es, die Kinder vor allen unnötigen Gefahren zu schützen. Aber es kann aus pädagogischer Sicht nicht unser Ziel sein, damit jede Form von Risiko aus der Einrichtung auszuschließen. Zu unserem Bildungsauftrag gehört es, Kinder zu einem verantwortungsbewussten Umgang mit alltäglichen Risiken zu befähigen. Sie müssen damit umgehen können, dass es Gefahren gibt, denen man sich stellen darf und andere, die es strikt zu vermeiden gilt. Das ist schon von daher wichtig, weil Kleinkinder mit ihrem Mut ohne diese Fähigkeit zur Risikoeinschätzung wirklich in große Gefahren geraten können.

3

Beherrschbar oder unbeherrschbar – verschiedene Formen von Gefahren
Um diesen Grundsatz zu verstehen, ist es gut, zwischen verschiedenen Formen von Gefährdungen zu unterscheiden:

Beherrschbare Gefährdungen
Beispiele wären: Die ersten Gänge allein durchs Haus, das Hocklettern auf Hochebenen oder Büsche, das Springen von niedrigen Höhen. All diese und viele andere Dinge bieten ein überschaubares Risiko, sich zu verletzen, aber es ist den Kindern altersgemäß zu einem bestimmten Punkt zumutbar, damit umgehen zu lernen. Also brauchen sie die Gelegenheit dafür.

Unbeherrschbare Gefährdungen
Beispiele wären das Bohren in der Steckdose, das Springen von großer Höhe, die Strangulierungsgefahr oder Giftpflanzen: All diese Dinge beinhalten ein lebensgefährliches Risiko, das nur durch Vermeidung verhindert werden kann. Also müssen wir durch räumliche Vorkehrungen und sehr klare Regeln verhindern, dass diese Gefahren entstehen.

Schwer beherrschbare, aber unvermeidbare Gefährdungen
Ein gutes Beispiele wäre der Autoverkehr oder heiße Speisen, theoretisch auch die berühmte „heiße Ofentür": Diese Dinge beinhalten ein lebensgefährliches Risiko, das aber zum Alltag dazugehört. Hier müssen wir mit den Kindern in geschütztem Rahmen einen sicheren Umgang einüben, etwa indem wir an der Ampel das Hinübergehen üben.

4

Was bedeutet in diesem Zusammenhang Aufsichtspflicht?
Im Sinne der Unfallvermeidung bedeutet Aufsichtspflicht: Wir müssen Kinder vor allen unbeherrschbaren Gefahren schützen, aber das darf nicht dazu führen, dass wir ihr Verhalten so stark reglementieren, dass sie keine eigenen Erfahrungen mit Gefahren machen können. Umgekehrt heißt das: Wenn wir unbeherrschbare Gefahren in den Räumen zulassen, etwa indem die Steckdosen ungesichert wären, dann müssten wir die Kinder tatsächlich so genau beaufsichtigen, dass sie keine Möglichkeit hätten, überschaubare Risiken einzugehen.

Sicherstellen, dass Räume und Materialien sicher sind
Erster Baustein der Aufsichtspflicht ist es also, unbeherrschbare Gefahrenstellen im Raum zu vermeiden. Das betrifft Möbel, die kippsicher sein müssen, Steckdosensicherungen oder die Vermeidung von Rutschgefahr durch Pfützen. Genauso müssen wir Spielsachen darauf überprüfen, ob sie keine Verletzungsgefahr beinhalten, etwa durch Verschlucken oder scharfe Kanten. Auch die Bekleidung der Kinder birgt Gefahren, etwa die seit einigen Jahren verbotenen Kordeln – wegen Strangulierungsgefahr! – oder Ohrringe und Ketten. Hier bitten wir um Ihre Unterstützung durch Einhaltung der Vorschrift!

Festlegen, wer wo hinschauen muss
Aufsichtspflicht bedeutet nicht, dass man ständig alle Kinder im Blick hat, das wäre kaum

möglich und würde dazu führen, dass die Kinder sich weniger verantwortungsvoll verhielten, wenn man einmal wegschaut. In sicheren Räumen ist es kein Problem, wenn man einmal kurz den Raum verlässt, um ein Kind etwa in den Nachbarraum zu begleiten. Wichtig ist nur, genau festzulegen, wer gerade für welchen Raumbereich verantwortlich ist. Dazu braucht es gute Absprachen im Team, ohne die es passieren könnte, dass bestimmte Bereiche von niemandem beaufsichtigt würden – und das birgt wirklich Gefahren.

Wissen, wie es jedem Kind geht
Ein weiterer Grundsatz der Aufsichtspflicht ist: Man muss wissen, was man dem Kind an Verantwortungsübernahme zumuten kann, in Abhängigkeit zu seinem Alter und seiner aktuellen Situation. Wenn es Kindern schlecht geht, wenn sie krank oder besonders müde – oder besonders schlecht gelaunt sind –, dann können Situationen gefährlich werden, die sonst unproblematisch sind.

Aus diesem Grund brauchen wir von Ihnen auch kurze Infos beim Bringen, wenn etwas Besonderes bei Ihrem Kind zu beachten ist.

Zeit, um mit den Kindern Regeln einzuüben
Sicheres Verhalten ist ein Lernprozess, dem wir die Kinder schrittweise aussetzen müssen. Gerade wenn neue Kinder in die Gruppe kommen, ist es manchmal notwendig, bestimmte Verhaltensweisen einzuüben. Das hat Auswirkungen auf den Alltag der anderen Kinder in der Gruppe, etwa wenn in der Eingewöhnungszeit nur sehr kurze Ausflüge gemacht werden, weil die neuen Kinder Zeit brauchen, sicheres Verhalten im Straßenverkehr zu üben (Bei Bedarf andere, zur Situation passende Beispiele nennen). Hierfür benötigen wir vor allem ihr Verständnis.

5

Wie geht man mit Gefahren „von Kind zu Kind" um?

Dieses schwierige Thema können wir nicht umgehen: Kaum vermeidbar sind im Krippenalter Verletzungen, die durch den robusten Umgang kleiner Kinder miteinander entstehen. Im Extremfall können durchaus sichtbare Verletzungen entstehen, wenn ein Kind ein anderes beißt oder kratzt. Vor allem entsteht dabei die schwierige Situation, dass wir die davon betroffenen Kinder schützen möchten, ohne den Verursacher der Verletzung, der das nicht bewusst macht, auszuschließen.

Beißen und Kratzen hat bei Kleinkindern nichts mit Aggression zu tun!
Grundsätzlich gilt dabei: Jedes noch so nett und gut erzogene Kleinkind kann dasjenige sein, das „Gewalt" ausübt, andere schlägt, kratzt oder beißt. Weil Kleinkinder für sie interessante Tätigkeiten häufig wiederholen, machen das einige Kinder auch durchaus über einen kürzeren Zeitraum hinweg. Dieses Verhalten hat wie alles, was Kleinkinder tun, nichts mit Aggressionen zu tun, sondern ergibt sich aus dem Wechselspiel von kindlichem Tun und der Reaktion darauf, die natürlich für das betroffene Kind eindrucksvoll ist, wenn das Opfer weint und alle Erwachsenen auf den Täter einreden.

Wichtigste Regel: Den Verursacher nicht in den Mittelpunkt stellen!
Schon weil der Verursacher ja nicht absichtlich dem anderen Kind Schmerz zufügt (dazu ist er noch zu jung!), wäre es falsch, es dafür zu bestrafen. Aber auch langes Einreden auf das Kind ist ungünstig, denn dadurch wird die Situation für den Verursacher noch interessanter, und er wird sie noch mehr wiederholen wollen. Besser ist es, den Täter fast kommentarlos wegzunehmen und die Aufmerksamkeit auf das Opfer zu richten. Der Täter lernt daraus, dass man nicht wahrgenommen wird, wenn man diese Handlung vollzieht.

6

Was wir alle tun können, um die Krippe sicher zu machen
Wir möchten zuletzt eine Reihe von kleinen Maßnahmen vorstellen, um Sicherheit in verschiedener Hinsicht zu garantieren. Bei all diesen Schritten freuen wir uns über Ihre Unterstützung:

Auf Tür-Sicherheit achten
Bitte achten Sie darauf, dass die Ausgangstüren nicht offen stehen bleiben, damit kein Kind hinausrennen kann. Gerade beim Abholen sollten Sie keine anderen Kinder mit hinauslassen, denn es ist kaum zu kontrollieren, ob diese auch wirklich schon abgeholt werden.

Vollmachten erteilen und fremde Besucher ansprechen
Wir müssen in Ihrem Interesse in Bezug auf Abholvollmachten sehr penibel sein, um zu vermeiden, dass Kinder von Personen abgeholt werden, die dieses nicht tun sollen. Bitte unterstützen Sie uns, indem Sie entsprechende Vollmachten erteilen und Verständnis zeigen, dass es ohne diese nicht möglich ist, ein befreundetes Kind mitzunehmen.

Erkrankungen melden

Zum Thema Sicherheit gehört es auch, die Kinder vor Infektionskrankheiten zu schützen. Gerade wegen des unterschiedlichen Impfschutzes von Familie zu Familie ist es wichtig, uns über alle meldepflichtigen Krankheiten Ihres Kindes zu informieren. Bitte verstehen Sie auch, dass wir in bestimmten Fällen im Interesse aller ein Attest verlangen werden.

Weitere Beispiele: Sichere Kleidung, Hausordnung beachten usw.

7

Das Fazit: Wenn der Rahmen stimmt, ist eine Krippe ein sehr sicherer Ort.

VIEL WISSEN ÜBER KINDER:
Wie wir dem Datenschutz gerecht werden

Warum das Thema für Eltern interessant sein könnte:

Die meisten Eltern denken angesichts der familiären Atmosphäre der Krippe oder Kita nicht an rechtliche Fragen. Es kann sie irritieren, wenn sie bei scheinbar alltäglichen Anliegen rund um ihr Kind plötzlich damit konfrontiert werden, dass bestimmte Dinge aus rechtlichen Gründen nicht möglich sind. Ein kurzer Vortrag ohne konkreten Anlass zum Thema „Datenschutz und Persönlichkeitsrecht" hilft, den Sinn mancher Regelung zu erläutern.

Elternfragen, mit denen Sie rechnen sollten:

- Warum ist es nicht möglich, auf Elternabenden offen über einzelne Kinder in der Gruppe zu sprechen?

- Warum darf ich nicht einfach die Listen der Kita kopieren, sondern muss die Führung der Kontaktliste innerhalb der Elternschaft organisieren?

- Wie wird sichergestellt, dass die Informationen aus der Kinderakte meines Kindes vertraulich behandelt werden?

Elternsorgen, die mit dem Thema einhergehen:

Manche Eltern erfahren, dass ihre Kinder im Gespräch und Rollenspiel viel zu viel vom Familienleben preisgeben.

Manche Eltern befürchten die missbräuchliche Verwendung von Fotos.

Manche Eltern fürchten eine unberechtigte Einflussnahme des Jugendamtes.

Die Vielzahl an „offiziellen" Regelungen in Kitas betrachten manche Eltern als Ausdruck eines Misstrauens durch die Einrichtung.

Darauf können Sie bauen:

Viele Eltern schätzen es, wenn trotz des vertrauensvollen Miteinanders in der Einrichtung bei grundsätzlichen Fragen klare Regeln existieren und eingehalten werden.

Mögliche weitere Aktionen zu diesem Thema:

- Auslegen von geltenden Vorschriften zum Thema Datenschutz

- In Gang bringen einer Diskussion zum Thema, welche Informationen über die eigene Familie Eltern für schützenswert halten

- Anbieten einer Einzelsprechstunde im Anschluss für Eltern zu datenschutzrechtlichen Fragen, die nicht in der großen Runde geklärt werden sollen

- Beratung der Elternvertreter zu deren Möglichkeiten, Adresslisten und ähnliches für die Elternschaft zu führen

1

Viel Wissen über Kinder: Wie wir dem Datenschutz gerecht werden
In diesem Kurzvortrag möchten wir Ihnen vermitteln, welche Regelungen in Bezug auf Datenschutz und Persönlichkeitsrechte für unsere Arbeit Bedeutung haben und in welcher Form Sie damit in Berührung kommen könnten.

2

Wir verwalten jede Menge Daten
Dass das Thema Datenschutz in der Krippe eine große Rolle spielt, denkt vielleicht nicht jeder auf den ersten Blick. Für uns ist die Auseinandersetzung damit wichtig:

Wir verwalten eine Menge Daten von Ihnen und Ihrem Kind, nicht nur Namen, Adresse und Geburtsdatum, sondern auch Informationen zur Lernentwicklung und zur Gesundheit Ihres Kindes sowie zu Verwandtschaftsverhältnissen. Damit verantwortungsvoll umzugehen, ist zum einen gesetzlich vorgeschrieben, zum anderen die Grundlage dafür, miteinander vertrauensvoll umgehen zu können.

3

Was Datenschutz grundsätzlich bedeutet
Ein verantwortungsvoller Umgang mit all diesen Personendaten bedeutet: Wir haben dafür zu sorgen, dass andere Institutionen oder andere Eltern nicht ungefragt Einblick in die Daten eines Kindes nehmen können. In den meisten Fällen wird Ihnen das unwichtig sein, aber es gibt immer Fälle, wo Datenschutz eine große Bedeutung bekommt, etwa bei getrennten Eltern mit Sorgerechtsstreit oder Angestelltenverhältnissen unter den Eltern.
Für den Umgang mit Daten gibt es eine auch für uns geltende Faustregel: Es dürfen nie zwei oder mehr Informationen kombiniert werden, z.B. vollständiger Name und Geburtsdatum eines Kindes oder vollständiger Name und ein Foto eines Kindes.

4

Grundsätzliche Konsequenzen für den Alltag
Gerade in Bezug auf Anhänge und Dokumentationen müssen wir daher auf Datenschutz achten. Deswegen vermeiden wir die Nennung von Vor- und Nachnamen unter Fotos, führen von uns aus keine frei zugänglichen Listen mit Telefonnummern und Emailadressen. Auch offene Listen zum Eintragen von Bring- und Holzeiten oder Betreuungsbedarf zur Ferienzeit sind nicht zulässig.

Folgenenden Aspekt bei Bedarf ergänzen:
Zum Thema Datenschutz gehört auch, dass Sie entscheiden, ob Fotos Ihres Kindes im Rahmen unserer pädagogischen Dokumentation gezeigt werden können. Hier bitten wir Sie um Ihre Zustimmung per Einverständniserklärung.

5

Aufbewahrung sensibler Daten
Sensible Daten müssen zunächst einmal durch sichere Aufbewahrung vor unberechtigtem Zugriff geschützt werden. Wir verwahren deshalb die Kinderakten aller Kinder im Leiterbüro, das immer verschlossen ist, wenn sich niemand von uns darin aufhält.

Aus pädagogischen Gründen gilt für Portfolios eine Ausnahme, diese enthalten zwar auch viele Daten, aber es ist wichtig, dass die Kinder dort hineinsehen können. Diese dürfen in Gruppenräumen aufbewahrt werden, wo ja eine Erzieherin zugegen ist, Flure oder Garderoben sind dafür nicht zulässig.

6

Besonders sensible Situationen: Eltern zu Besuch in der Einrichtung
Gerade wenn Sie bei uns hospitieren, erhalten Sie natürlich intensive Einblicke in den Entwicklungsstand und die persönliche Situation von anderen Kindern. Wir bitten Sie daher vor solchen Besuchen, eine Verschwiegenheitserklärung zu unterzeichnen.

7

Zusammenarbeit mit der Schule
Darf die zukünftige Schule Ihres Kindes erfahren, wie es diesem im Kindergarten ging? Ob die Schule alle Informationen erhält, die wir im Portfolio Ihres Kindes gesammelt haben, entscheiden Sie. Wenn Sie diese Dokumentationen weder selbst haben noch an die Schule weitergeben möchten, sind wir verpflichtet, sie zu vernichten.

8

Zusammenarbeit mit Behörden
Inwieweit wir bei der Zusammenarbeit mit Behörden wie dem Jugendamt Daten weitergeben müssen, ist gesetzlich klar geregelt (hier bundesländerspezifische Regelungen nennen!). Bei allen Nachfragen an das Amt sind wir im Erstkontakt verpflichtet, den Namen des Kindes / der Familie nicht zu nennen. Wenn eine Zusammenarbeit mit einer Behörde notwendig ist, sind wir verpflichtet, zunächst das Einverständnis der Eltern einzuholen.

9

Nicht vor anderen Eltern über einzelne Kinder sprechen!
Gerade auf Elternversammlungen achten wir darauf, dass niemals über einzelne Kinder aus der Gruppe gesprochen wird. Bei möglichen Konfliktsituationen, etwa wenn ein Kind wiederholt beißt, ist es besonders wichtig, dass wir keine Namen nennen, um das Kind und seine Eltern nicht in eine schwierige Lage zu bringen.

10

Vielen Dank

VIEL ZEIT FÜR DIE BEDÜRFNISSE UND INTERESSEN DER KINDER:
Der Tagesablauf

Warum das Thema für Eltern interessant sein könnte:

Den Tagesablauf der Einrichtung sollten und wollen die Eltern genauer kennenlernen. In der Regel haben sie auch schon Vorstellungen, wie ein Tag in einer Krippe oder Kita gestaltet wird und welche pädagogischen Ziele damit erreicht werden sollen. Manche dieser Vorstellungen sind jedoch ziemlich überholt, und deswegen ist es unverzichtbar, mit dem Vortrag neben Fakten über die Tagesgestaltung auch ein wenig Wissen über moderne Pädagogik zu vermitteln.

Elternfragen, mit denen Sie rechnen sollten:

Mein Kind macht zuhause selten das, was wir auf dem Programm haben. Wie geht die Krippe mit ihrem straffen Tagesablauf um, wenn Kinder nicht wollen?

Auf Kommando spielen, essen, schlafen – ist das gut für die Kinder? Wo bleibt die Individualität?

Mein Kind soll viel Zeit daheim verbringen. Zu welchen Phasen sollte es da sein, welche sind unwichtig?

Wozu Angebote? Reichen nicht rausgehen, essen und ausruhen?

Zuhause schläft mein Kind nie! Wie schafft Ihr das?

Spielen, toben, schlafen – wo bleibt die Anregung, die Bildung?

Mein Kind soll nicht schlafen – ein Problem?

Elternsorgen, die mit dem Thema einhergehen:

In der Krippe müssen die Kinder ihre Bedürfnisse dem gemeinsamen Alltag unterordnen – das tut Kleinkindern nicht gut.

So viele Kleinkinder auf einen Haufen – ist das nicht ein unerträgliches Durcheinander? Ist das gut für mein Kind?

Ab jetzt erlebt mein Kind die spannendsten Momente des Tages in der Krippe – und für mich bleibt die Quengelzeit am Nachmittag.

So, wie mein Kind beim Bringen heult, kann ich mir unmöglich vorstellen, dass es sich wieder beruhigt – da können die viel erzählen!

Darauf können Sie bauen:

Das Thema eignet sich gut, um den Eltern grundsätzliche Aspekte der Arbeit einer Krippe zu vermitteln. Je detaillierter Sie darstellen, welche Ziele Sie mit der bewussten Gestaltung einzelner Tagesphasen verbinden, desto deutlicher wird den Eltern Ihr pädagogischer Anspruch.

Viele Inhalte können auch zuhause Anwendung finden. Eltern entlastet es, wenn sie erfahren, dass etwa eine kindgemäße Gestaltung der Mahlzeiten pädagogisch sinnvoller ist als das mühsame Vermitteln scheinbar notwendiger Tischsitten – oder dass es statt der Anmeldung des Kindes bei teuren Kursen besser ist, mit ihm zusammen zu spielen.

Mögliche weitere Aktionen zu diesem Thema:

Vorführen von Videosequenzen aus Tagesphasen, bei denen Eltern in der Regel nicht zugegen sind.

Gemeinsame Begehung von Räumen, um dort stattfindende Tagesphasen vor Ort vorzustellen.

Gespräch in Gang setzen über kindliche Grundbedürfnisse in Bezug auf Essen, Schlafen, Toben, Ruhen.

Herstellen eines Portfolioblattes „Mein Tagesablauf" oder aufhängen einer Tagesuhr mit Fotos

Nacherleben lassen bestimmter Tagesstationen – zum Beispiel Morgenkreis mit besonders beliebten Spielen

Erinnern an eigene Kita-Erfahrungen der Eltern: Was hat Ihnen damals besonders Spaß gemacht, was überhaupt nicht?

1

Viel Zeit für die Bedürfnisse und Interessen der Kinder: Der Tagesablauf
In diesem Vortrag möchten wir Ihnen unsere Tagesgestaltung vorstellen. Wir wollen Ihnen zeigen, dass hinter der Gestaltung der einzelnen Tagesphasen immer eine pädagogische Absicht steht: Ihre Kinder sollen sich wohlfühlen und ihre Bedürfnisse so gut es geht ausleben dürfen, sie sollen den ganzen Tag viel Zeit haben, auf ihre Art Entdeckungen und Erfahrungen zu machen.

2

Ihr Kind steht im Mittelpunkt: Die Bringzeit

Achtung: Hektik!
Diese Zeit erleben Sie wahrscheinlich als hektisch. Bitte denken Sie nicht, dass es den ganzen Tag so weiter geht: Auch für uns und die Kinder ist die Bringzeit die unruhigste Zeit des Tages. Das liegt daran, dass Ihr Kind jetzt von Familie auf Krippe umschalten muss, und das ist anstrengend. Sie wollen einigermaßen zügig weiter zur Arbeit, wir die Übersicht behalten, wer heute da ist.

Infos bitte kurz, knapp und schriftlich!
Besonders aufnahmefähig sind Erzieherinnen im Trubel beim Bringen nicht. Es hilft uns, wenn Sie uns wichtige Informationen nicht nur sagen, sondern auf einen Zettel / ins Mitteilungsheft schreiben. Es ist nicht leicht, alle Informationen im Kopf zu behalten!
Bitte verstehen Sie auch, dass wir die größte Aufmerksamkeit nicht Ihnen, sondern Ihrem Kind widmen, damit es gut ankommen kann. Wenn Ihnen etwas auf dem Herzen liegt, vereinbaren Sie gerne einen Gesprächstermin.

Ein klares Abschiedsritual macht es Kindern einfacher
Machen Sie Ihrem Kind den Abschied einfach, indem Sie ein möglichst klares Abschiedsritual einführen (Kuss, Spruch, Winken von draußen). Vermeiden Sie, noch einmal nach dem Verschwinden wiederzukommen, dass irritiert Kinder sehr.

Wenn Ihr Kind beim Abgeben weint: Vertrauen Sie uns, dass das Weinen unheimlich schnell vorüber geht, sobald Sie außer Hörweite sind. Vertrauen Sie uns auch, dass wir Ihnen Bescheid sagen, wenn ein Kind sich einmal ausnahmsweise nicht so schnell trösten lässt.

3

Schau, wer auch wieder da ist: Der Morgenkreis

Für das Kind: Bitte pünktlich kommen!
Zum Morgenkreis sollten möglichst alle Kinder da sein, denn das ist der Moment, wo die Kinder sich bewusst wahrnehmen und gemeinsam den Tag beginnen. Damit der Morgenkreis eine ruhige, angenehme Atmosphäre hat, die das Ankommen in der Krippe erleichtert, möchten wir jede Störung vermeiden. Deshalb nehmen wir in dieser Zeit keine Kinder an, Hausklingel und Telefon sind leise gestellt.

Spielen, Singen, Reden
Anders als bei älteren Kindern wird im Morgenkreis weniger einander erzählt. Als Erzieher berichten wir, was der Tag bringen wird.

Schon wieder? Rituale sind wichtig
Wichtig für die Kinder sind Lieder und Bewegungsspiele. Diese singen wir immer wieder – nicht etwa, weil uns nichts Neues einfällt, sondern weil Kleinkinder Wiederholungen lieben und brauchen, um zu verstehen. Ihr Kind ist bestimmt begeistert, wenn Sie die Lieder des Morgenkreises anstimmen und führt dann gerne die dazu gehörenden Bewegungen vor. Wir stellen Ihnen die Musikstücke gerne zur Verfügung.

4

Das wichtigste am Tag: Viel Spielzeit
Das Spiel ist die wichtigste Betätigung kleiner Kinder, und fast alles, was sie lernen, lernen sie währenddessen. Deswegen haben die Kinder zu vielen Phasen am Tag Zeit zum Spielen. Unsere Aufgabe als Erzieherinnen ist es, sie dabei zu begleiten, zu beobachten und uns ab und zu mit unseren Ideen in das Spiel einzuklinken. „Gelenkte Spiele", wie man sie früher für wichtig hielt, gelten heute als weniger wichtig, denn der Ideenreichtum der Kinder beim Spiel ist eine wertvolle Quelle, die wir ausschöpfen wollen. Aber unsere Ideen, Anregungen und Materialangebote sind natürlich gerne gesehen!

5

Besondere Spiele: Unsere Angebote
Der Unterschied von der Spielzeit zu besonderen Angeboten ist oft fließend: Lernangebote für Krippenkinder sind Einladungen zum Spiel mit einem besonderem Thema und meistens auch mit Materialien, die wir nicht im freien Spiel anbieten können. Beispiele sind Aktionen mit Farbe, gemeinsames Musizieren und Singen oder eine extra aufgebaute Bewegungsbaustelle. Aber auch bei solchen Angeboten ist es ganz normal und gewünscht, dass die Kinder dabei spielen.

6

Mehr als frische Luft schnappen: Rausgehen
Natürlich bemühen wir uns, so oft wie möglich mit den Kindern an die frische Luft zu gehen. Dabei ist es inzwischen nicht mehr so wichtig wie in den ofenbeheizten Kindergärten von früher, dass die Kinder frische Luft einatmen. Aber sie brauchen den Platz, um sich ohne enge Grenzen bewegen und toben zu können. Und draußen gibt es jede Menge Sachen zu entdecken, während die Räume ja irgendwie immer die gleichen sind. Aus diesem Grund ist es wichtig, nicht nur den vertrauten Spielplatz um die Ecke aufzusuchen, sondern auch Zeit zu haben, mit den Kindern draußen unterwegs zu sein und die Gegend bei jedem Gang ein bisschen mehr zu erkunden.

7

Mahlzeit ist Lernzeit: Das Essen
Um x Uhr gibt es für die Kinder Mittagessen. Wir essen in folgender Form zusammen (Ganze Gruppe – Einzelgruppen? Mit Erzieherin am Tisch – alleine? Dauer?) Natürlich haben die Kinder nach den Aktionen am Vormittag meistens großen Hunger, aber es geht uns bei der Gestaltung der Essenssituation auch um andere pädagogische Ziele.

Zeit für Gemeinschaft
Nach dem Morgenkreis haben die Kinder viel Zeit in kleineren Gruppen verbracht, jetzt treffen wir wieder richtig zusammen. Das gemeinsame Essen ist eine gute Zeit, um miteinander Gespräche zu führen und sich gegenseitig wahrzunehmen.

Erlebnis für alle Sinne
Damit Kinder ein positives Verhältnis zum Thema Ernährung aufbauen, ist es wichtig, dass sie Mahlzeiten als Genuss erleben, nicht als Krampf. Früher dachte man, dass man gar nicht früh genug anfangen kann, Kinder auf Tischmanieren zu trainieren. Heute weiß man, das damit die Lust am Essen ganz erheblich gedämpft wird. Sie sollen stattdessen probieren können, keinen Aufess-Zwang erleben, sich die Speisen anschauen und auch anfassen dürfen. Um allzu große Kleckerei zu vermeiden, unterstützen wir die Kinder natürlich.

Und was ist mit Sattwerden?
Vielleicht erwarten Sie insgeheim, dass wir jedes Kind „satt kriegen". Aber wir zwingen kein Kind zum essen, weder was die Menge noch was die Auswahl der Essenskomponenten betrifft. Natürlich motivieren wir jedes Kind zum Essen, akzeptieren aber auch, dass nicht jedem Kind alles schmeckt und mancher einfach keinen Appetit hat.

Sie können sicher sein, dass das nicht andauerndes problematisches Essverhalten betrifft: Weil sich dahinter Krankheiten, Entwicklungsschwierigkeiten und andere Auffälligkeiten verbergen könnten, setzen wir uns, sobald uns soetwas auffällt, mit Ihnen zusammen, um das weitere Vorgehen zu beraten.

8

Jetzt wird es ruhiger: Der Mittagsschlaf
Nach dem Mittagessen läuten wir eine ruhigere Tagesphase ein, den Mittagsschlaf.

Viel Zeit, um sich innerlich darauf vorzubereiten
Für diese Phase ist einiges vorzubereiten, sowohl mit den Kindern als auch ohne sie: Sie waschen ihre Hände, putzen Zähne, bekommen eine frische Windel, ziehen den Schlafanzug an. Die älteren bereiten auch gerne den Schlafraum vor und helfen beim Bettenbauen. All das stimmt die Kinder darauf ein, dass nun gleich die Ruhephase beginnt.

Einschlaf-Rituale
Wenn die Kinder auf ihrer Matratze liegen, beginnt unser Mittagsruhe-Ritual: Wir lesen erst einige Seiten vor (Buch nennen, Seitenanzahl), singen das Lied (bei Interesse Text austeilen!) vor, gehen umher und streicheln jedes Kind kurz. Manche Kinder benötigen weitere Unterstützung..

Muss jedes Kind schlafen?

Schon im Kleinstkindalter ist das Bedürfnis nach Ruhe und Schlaf sehr unterschiedlich ausgeprägt. Während einige Kinder den Nachmittag ohne vorherigen Mittagsschlaf kaum wach überstehen würden, bleiben andere Kinder durch jede Minute Mittagsschlaf zuviel abends zu lange wach. Manche Kinder brauchen zweimal am Tag eine Ruhepause, auch das machen wir möglich.

Zusammensein macht müde

Vielleicht haben Sie sich schon gefragt, warum bei uns der Mittagsschlaf für alle Kinder gleichzeitig stattfindet. Unsere Erfahrung ist, dass selbst Kinder, die zuhause zu unterschiedlichen Zeiten schlafen, bei uns mittags müde sind. Ein Tag in der Kindergruppe ist einfach aufregender und körperlich anstrengender als ein ruhiger Tag in der Familie. Wahrscheinlich haben Sie zuhause eher damit zu kämpfen, dass Sie mit dem Aktivitätsdrang Ihres Kindes kaum Schritt halten können. Bei uns leben die Kinder diesen Drang aus – und sind mittags müder, wie Sie vielleicht bei einem Familientreffen, einer Konferenz oder einen Sportwettkampf.

Kein Zwang

Trotzdem muss niemand bei uns schlafen. Wie Sie wissen, beobachten wir die Kinder, um ihre Bedürfnisse einschätzen zu können. Merken wir, dass ein Kind keinen Schlaf mehr braucht, bieten wir anderen Aktivitäten an.

Ausnahmen sind bei Kleinkindern die Regel!

Generell möchten wir an dieser Stelle sagen:
Die Kinder sollen sich natürlich an eine feste Tageseinteilung gewöhnen. Trotzdem ist es noch wichtiger, dass sie von Anfang an ihre Bedürfnisse nach Nahrung, Ruhe und Aktivität ausleben können, statt sie zugunsten der Zeiteinteilung zurückstecken zu müssen. Deshalb sind immer Ausnahmen möglich, wenn ein Kind nicht essen oder schlafen will – oder während der Spielzeit ein Nickerchen braucht. Um die Kinder nicht mit Entscheidungen zu überfordern, die sie noch nicht fällen können, fragen wir sie aber nicht, sondern schlagen Ihnen solche Ausnahmen vor, wenn wir merken, dass Ihr Kind sie braucht.

10

„In wenigen Minuten erwartet Sie…" Warum Übergänge so wichtig sind

Auch bei uns möchten die Kinder gerne weiterspielen, wenn es Essen gibt oder am Tisch sitzen bleiben, wenn es ans Schlafen geht. Dass es uns trotzdem in der Krippe leichter fällt, sie zum Mitmachen zu bewegen, liegt vor allem daran, dass in der Gruppe auch Kinder, die daheim eher „bockig" reagieren, automatisch mitgehen.

Keine Überraschungen, bitte!

Wichtiger ist aber: Es fällt Kleinkindern genau wie größeren Menschen leichter, ihre Aktivität zu wechseln, wenn sie davon nicht überrascht werden, sondern von sich aus verstehen, dass gleich etwas anderes passiert.

Rituale zur Einstimmung

Wir arbeiten deshalb mit Ritualen, an denen die Kinder erkennen, was gleich passiert. Diese Rituale – zum Beispiel ein Glöckchen oder ein Begrüßungspüppchen zur Einleitung des Morgenkreises, ein „Schlaf-Gut-Ruf" – geben dem Kind Sicherheit, dass alles seinen gewohnten Gang geht.

11

Ganz schön chaotisch? Die Abhol-Zeit

Die Situation beim Abholen kennen Sie nur allzu gut. Sie ist oft sehr turbulent, und vielleicht haben Sie sich schon gefragt, ob unser gesamter Tag so chaotisch verläuft. Wir können versichern, dass dem nicht so ist. Es liegt in der Natur der Sache, dass es zu dieser Zeit unruhig ist: Ständig klingelt es, eine Erzieherin muss aus dem Spiel herausgehen. Die Kinder sind bei jedem Klingeln aufgeregt, ob jetzt Sie vor der Tür stehen oder die Eltern eines anderen Kindes. Und wenn Sie es sind, muss Ihr Kind „umschalten" von seiner Rolle als Krippenkind zum Familienkind – gar nicht so einfach!

„Kennt der mich nicht mehr?"

Es ist deswegen keineswegs ungewöhnlich, wenn Ihr Kind zuerst nicht begeistert auf Sie zuläuft, sondern Sie vielleicht ignoriert oder sich gar benimmt, als wolle es Sie bestrafen. Das hat wie beim Bringen viel mit dem Wechsel von der Bezugsperson zu tun, und es sagt nichts darüber aus, ob das Kind den Tag über bei uns glücklich oder eher bedrückt war. Unser Rat: Geben Sie Ihrem Kind Zeit zum Umschalten, indem Sie für das Abholen genug Zeit einplanen. Es hilft, wenn Sie sich beim Reinkommen kurz aus der Ferne bei Ihrem Kind bemerkbar machen, um dann nach kurzer Zeit zu zeigen, dass Sie jetzt mit dem Abholen „richtig" beginnen.

Bitte rechtzeitig kommen – für uns, für Sie, für Ihr Kind!
Wir bitten Sie aus folgendem Grund um Pünktlichkeit beim Abholen:
Für die Kollegin, die mit dem verspätet abgeholten Kind wartet, entstehen Überstunden, die sie irgendwann an einem der nächsten Tage abbummeln darf. (Bitte hier notieren, wie das in Ihrer Einrichtung gehandhabt wird.) Wie Sie wissen, ist unser Personalschlüssel nicht so gut, dass dieses ohne Beeinträchtigung bleibt, also ist es besser, wenn solche Überstunden gar nicht erst entstehen.
Die meisten Kinder reagieren traurig, wenn sie merken, dass alle anderen schon eine Weile abgeholt sind.
Falls sich abzeichnet, dass Sie eine Zeit lang ein Problem haben werden, Ihr Kind rechtzeitig zu holen, sollten wir gemeinsam über eine Lösung beraten.

12

Und danach? Tipp für das Nachmittagsprogramm
Sie haben hoffentlich gesehen, dass Ihr Kind während der Zeit bei uns, auch wenn es viele ganz alltägliche Sachen macht, ganz viel ausprobieren kann und neues erfährt. Wenn Sie ihm am Nachmittag nach dem Abholen etwas Gutes tun wollen, empfehlen wir Dinge, die ihnen zusammen Spaß machen, ohne dass es noch einmal richtig anstrengend wird. Gönnen Sie sich und Ihrem Kind eine kleine Auszeit, in der es entspannt und ohne zu großen Zeitdruck zugeht. Das tut Ihrem Kind wahrscheinlich besser als ein Nachmittagskurs mit noch so kindgemäßen Inhalten.

13

Vielen Dank!

Mehr als ein Versprechen:
Mit Qualitätsmanagement arbeiten

Warum das Thema für Eltern interessant sein könnte:

Qualitätsstandards und Qualitätshandbücher mögen auf den ersten Blick viel zu theoretisch und intern sein, um Eltern mit diesem Thema zu behelligen, und vielleicht ist es zunächst wirklich schwer, Eltern für den Besuch dieses Vortrags zu interessieren. Auf den zweiten Blick behandelt der Vortrag aber eines der wichtigsten Themen in der Erziehungspartnerschaft überhaupt: Was darf ich von der Arbeit der Krippe oder Kita erwarten, inwieweit ist meine Einmischung bei Unzufriedenheit gewünscht, welche Möglichkeiten einer sachlichen Beilegung von Konflikten gibt es? Um all diese Fragen vor dem Entstehen von Unzufriedenheit geklärt zu haben, ist ein Kurzvortrag zum Thema „Qualität" nützlich.

Elternfragen, mit denen Sie rechnen sollten:

- Welche Möglichkeiten gibt es, mich bei Unzufriedenheit zu beschweren?

- Ist festgeschrieben, welche Handlungsweisen der Erzieherinnen als richtig gelten?

- Kann ich mich selbst informieren, was laut dem QM-System als richtige Umsetzung des Konzeptes gilt?

Elternsorgen, die mit dem Thema einhergehen:

Manche Eltern erwarten von der Krippe vor allem emotionales Handeln und nehmen klar definierte Standards als Bürokratie wahr, die zunächst nicht damit in Einklang zu bringen ist.

Manche Eltern befürchten, durch das QM-System könnten sich die Erzieher bei heiklen Fragen auf „Vorschriften" zurückziehen, statt Konflikte zu lösen.

Eltern befürchten, bei klar festgelegten Standards keine Mitwirkungsmöglichkeiten zu haben.

Darauf können Sie bauen:

Die meisten Eltern sind dankbar für sachliche Wege, um Ärger oder Fragen loszuwerden, ohne dabei in emotional geführte Auseinandersetzungen mit den Erziehern ihres Kindes zu geraten.

Viele Eltern kennen ähnliche Systeme aus eigenen Berufen – das kann bei positiven Erfahrungen damit einen Vertrauensvorschuss bewirken.

Eltern mit Interesse an einer Fortentwicklung der Einrichtung sind interessiert an den klar geregelten Mitwirkungsmöglichkeiten, die QM-Systeme bieten. Sie erleben es als verlässlich, auch die Grenzen der Einwirkungsmöglichkeiten der Elternschaft durch das QM-System aufgezeigt zu bekommen.

Mögliche weitere Aktionen zu diesem Thema:

- Auslegen aller geltenden Qualitätsdokumente wie Fachhandbücher, pädagogische Standards – und Erklärung, was diese bedeuten

- Vorstellen anhand von alltäglichen Situationen in der Einrichtung, wo jeweils pädagogische Standards die Arbeit beeinflussen

- Vorstellung von Anliegen, die mithilfe des Beschwerdesystems der Einrichtung zur Zufriedenheit geklärt werden konnten

1

Mehr als ein Versprechen: Mit Qualitätsmanagement arbeiten
Mit diesem kleinen Vortrag möchten wir Ihnen unser Qualitätsmanagement-System vorstellen. Der Begriff klingt vielleicht etwas kompliziert, aber das Ziel dahinter ist einfach: Unser Qualitätsmanagement-System soll sichern, dass Sie für Ihr Kind genau die gute Betreuung bekommen, die wir Ihnen versprochen haben.

2

Unser Konzept – was wir tun wollen
Dieses Versprechen haben wir Ihnen mit unserem Konzept gegeben, das wir Ihnen vor der Anmeldung vorgestellt haben. Sie haben das Recht darauf, dass wir das auch tun, was wir hier versprochen haben. Das klingt logisch und natürlich, aber leider ist das nicht automatisch so. Es gibt immer wieder Kitas, Schulen oder andere Einrichtungen, wo man denkt: Das Konzept klingt toll, aber die Realität sieht anders aus. So soll es bei uns nicht sein, und deswegen haben wir nicht nur ein Konzept, sondern auch sogenannte „Qualitätsstandards".

3

Qualitätsstandards – wie wir das tun wollen!
In den Qualitätsstandards haben wir festgelegt, was wir verbindlich tun wollen, um die Ziele aus dem Konzept zu erreichen. Während also im Konzept stehen kann, dass uns eine gute Zusammenarbeit mit Ihnen wichtig ist, sagt der Qualitätsstandard, was wir konkret tun, um mit Ihnen zusammenzuarbeiten, wie oft wir uns treffen und ob es dabei festgelegte Abläufe gibt. Man kann den Qualitätsstandard gut mit der Praxis vergleichen und schauen, ob wir das machen, was wir machen wollen.

4

Beispiele für Qualitätsstandards
In Qualitätsstandards ist bei uns festgelegt... (Nennen: Sind Planungssitzungen verbindlich festgelegt, der Ablauf der Eingewöhnung, Elterngespräche, Elternbefragungen, Intensität der Portfolioarbeit etc.?)

5

Beteiligung
Es ist wie bei allen anderen Regeln auch: Qualitätsstandards könnte man einfach „von oben" erlassen, aber das garantiert natürlich kaum, dass sich jeder daran hält. Gute Qualitätsstandards entstehen, indem alle Beteiligten mitreden dürfen. Auch unseren Qualitätsstandards sind lange Diskussionen vorausgegangen, im Team, innerhalb des Trägers, mit Elternvertretern...(Nennen, wer beteiligt war)

6

Veränderbare Regeln: Nichts gilt für immer
Manche Regeln, die man einmal festgelegt hat, erweisen sich später als unpassend. Beim Qualitätsmanagement gehört die Veränderung dazu, und deswegen ist es normal, dass wir über unsere Standards diskutieren und sie weiter entwickeln.

Verschiedene Wege, Anregungen und Kritik loszuwerden

Was tun, wenn es trotz aller Festlegungen Anlass zur Kritik gibt? Auch wenn wir uns natürlich besonders über ihre Zufriedenheit freuen: Uns ist wichtig, dass Sie uns Ihre Kritik immer wissen lassen. Wir haben mehrere Möglichkeiten geschaffen, um Anregungen, Kritikpunkte und Ärger loszuwerden – dem jeweiligen Anlass entsprechend.

Elterngespräche

Am besten aufgehoben sind Ihre Anmerkungen zu unserer Arbeit bei den Elterngesprächen, zu denen wir Sie schon aus diesem Grund regelmäßig (Häufigkeit benennen!) einladen möchten. Hier ist Zeit, ausführlich darüber zu sprechen. Bei aktuellen Anlässen können Sie natürlich auch um ein außerplanmäßiges Gespräch bitten.

Mitteilungskasten

Der Mitteilungskasten eignet sich vor allem für kurze, alltägliche Anregungen, über die man nicht viele Worte zu verlieren braucht. Aber natürlich können Sie hier auch den Wunsch nach einem Gespräch kundtun.

Leitersprechstunde

Wenn Sie mit der grundsätzlichen Arbeit der Einrichtung unzufrieden sind oder Fragen zur Arbeit einzelner Kolleginnen haben, ist die Leitungssprechstunde der richtige Ort, wo wir vertrauensvoll über Ihr Anliegen sprechen können.

Sprechstunde beim Träger

Auch unser Träger bietet Sprechstunden an, die allerdings hauptsächlich für die Klärung organisatorischer Angelegenheiten (Vertrag, Kosten etc.) dienen.

Elternvertretung

Grundsätzlich ist es gut, wenn Sie sich mit allen Kritikpunkten zunächst an den gewählten Elternvertreter wenden, denn dieser kann sich bei allen Angelegenheiten vertrauensvoll an uns wenden, was natürlich Konfrontationen vermeidet. Er kann außerdem ermitteln, ob Sie mit Ihrer Sicht eher alleine stehen oder das Anliegen auch andere Eltern betrifft.

Umfragen zur Zufriedenheit

Mit unserer regelmäßigen (Turnus nennen) Umfrage per Fragebogen möchten wir mehr über Ihre Zufriedenheit mit unserer Arbeit erfahren. Die Ergebnisse dieser Befragung nutzen wir dazu, um darüber nachzudenken, was wir an unserer Arbeit grundsätzlich verändern könnten.

8

Auf gute Zusammenarbeit!
In diesem Sinne lade ich Sie alle herzlich zur Zusammenarbeit ein – im Sinne Ihrer Kinder und im Sinne des Konzepts, dem wir uns alle verpflichtet haben.

Autoren

Antje Bostelmann

Antje Bostelmann ist ausgebildete Erzieherin und bildende Künstlerin. 1990 gründete sie Klax, anfangs als private Malschule und Nachmittagsbetreuung mit künstlerischem Schwerpunkt, heute ein überregionaler Bildungsträger mit Krippen, Kindergärten und Schulen in Deutschland und Schweden. Sie entwickelte die Klax Pädagogik, ein modernes pädagogisches Konzept, welches das Kind in den Mittelpunkt der pädagogischen Arbeit stellt und das allen Einrichtungen von Klax zu Grunde liegt. Sie entwickelt Lern- und Spielmaterialien für die Arbeit in Kindergarten und Krippe und gibt als Referentin bei Kongressen, Workshops und Fortbildungen ihre Erfahrungen und Ideen weiter. Seit 1995 hat sie zahlreiche pädagogische Fachbücher veröffentlicht, darunter viele Bestseller. Antje Bostelmann ist Mutter von drei Kindern und lebt in Berlin.

Michael Fink

Michael Fink ist ausgebildeter Kunstpädagoge. Er ist als Autor vieler pädagogischer Fachbücher, Berater und Dozent in der Weiterbildung von ErzieherInnen und LehrerInnen tätig. Schwerpunkt seiner Arbeit ist dabei der kreativ-künstlerische Bereich: Es fasziniert ihn, wie intensiv schon ganz kleine Kinder lernen, wenn sie sich mit gestalterischen Aufgaben auseinandersetzen. Fink sucht immer wieder neue Wege, um Pädagogen Anstöße für eine veränderte Arbeitsweise zu geben, indem er ungewöhnliche Aktionsausstellungen zu pädagogischen Themen entwickelt oder auch mal die Welt der Pädagogik mit satirischen Texten auf die Schippe nimmt.

Juwelino: Begeistert die Kleinsten

Juwelino
Für 1-6 Spieler. Ab 18 Monate.

Inhalt: 4 Spielbretter beidseitig bedruckt; 24 Juwelen-Spielsteine und 2 Farbwürfel; 24 Farbfiguren, 6 Spielfiguren und 2 Holzstäbchen; 6 Sammelschälchen; 1 Samtbeutel; 1 Spielanleitung; in Holzkiste mit Plexiglasschiebedeckel.

Art.-Nr.: 103777

Juwelino spielen schon die Kleinsten mit Begeisterung. Durch die aufsteigenden Schwierigkeitsstufen in jeder Spielmöglichkeit ist es bis in das Vorschulalter interessant. Das Spiel hat durch seine Vielseitigkeit einen hohen pädagogischen, didaktischen und ästhetischen Wert. Besonders ansprechend durch die bunten und glitzernden Juwelensteine kommen die Kinder spielerisch mit ersten Grundzügen der Farbenlehre in Berührung, wodurch das Erfassen farblicher Beziehungen gefördert wird. Das Farblern-Spiel dient ferner zur Ausbildung des ersten Regelverständnisses, der Konzentration und des räumlichen und logischen Denkens. Viele unterschiedliche Figuren fordern die feinmotorischen Fähigkeiten, das Geschick und die Auge-Hand-Koordination. Kindgerechte Möglichkeiten zur Gesprächsanregung führen zur Erweiterung des Wortschatzes.

Dusyma
www.dusyma.de
Herstellung und Vertrieb durch Dusyma Kindergartenbedarf GmbH

Gute Pädagogik
findet man nicht überall

Inhouse-Seminare für Krippen, Kitas und Schulen

Sie suchen für sich und Ihr Team Fortbildungen zu aktuellen pädagogischen Themen? Wir kommen zu Ihnen in die Einrichtung und richten unsere Seminare ganz nach Ihren Bedürfnissen aus. Dabei setzen wir gezielt an Ihrem individuellen Weiterbildungsbedarf an.

Wir bieten unter anderem Fortbildungen zu folgenden Themen an:

- **Die Portfolio-Methode in Krippe, Kindergarten oder Schule**
- **Spezialisierung im Bereich Krippe – Eingewöhnung, Entwicklungsbegleitung, Raumgestaltung und Materialauswahl**
- **Digitale Medien in Krippe und Kindergarten**

...en bieten wir Führungen, Hospitationen, Fachtage, Vorträge und Workshops an.

... Pädagogik   Arkonastr. 45-49, 13189 Berlin   institut@klax-online.de
                     Tel.: 030-477 96 0   www.klax-paedagogik.de